"Neste bonito projeto que temos a alegria de publicar pela Editora Fiel, Allen Porto oferece ao querido leitor conceitos incorrigivelmente bíblicos sobre produtividade e nossa fé cristã. Com uma abordagem que desafia as noções mais clichês, Allen se serve de boa teologia e de aplicação prática, chamando o leitor a viver uma produtividade segundo a vontade de Deus nas Escrituras. Este livro é um convite maravilhoso à reflexão para quem deseja harmonizar o que fazemos, o motivo pelo qual fazemos o que fazemos com quem somos em nossa identidade cristã."

Tiago J. Santos Filho, Diretor do Ministério Fiel; Pastor na Igreja Batista da Graça em São José dos Campos, SP e cofundador e professor no Seminário Martin Bucer

"Seja procrastinando com frequência, seja fazendo o máximo que consegue sem ter tempo para descansar, eu posso apostar que a sua vida é como do coelho de 'Alice no País das Maravilhas', sempre correndo e sempre com a sensação de estar atrasado. Em Produtividade Redimida, Allen Porto irá conduzi-lo, de forma leve e profunda, num diagnóstico da sua condição de produtividade desordenada, rumo a um tratamento empático e eficaz. Afinal, estamos todos no mesmo barco. Com este livro, você aprenderá a atacar a causa — alinhando o coração ao Senhor; identificar os sintomas — encarando suas práticas atuais; e, aplicar o tratamento — usando ferramentas e técnicas úteis para construir uma produtividade verdadeira. Como Allen ricamente nos ensina: é dever de todo cristão buscar uma vida que responda sempre melhor ao chamado do nosso Deus e este livro será valioso nessa missão!"

Maeli Galdino, fundadora da Purpose Paper

"Celebro a publicação desta obra. Primeiro, porque nutro carinho e admiração por Allen, e enxergar o que Deus tem feito nele e por meio dele é motivo de muita satisfação para mim. Segundo, porque estou certo de que ela beneficiará muita gente. De certa forma, todos lutamos com o problema da produtividade (ou da falta dela). Portanto, compreender essa questão e saber como enfrentá-la é um desafio para todos. E isso é precisamente o que Allen nos ajuda a fazer aqui, a partir de um sólido fundamento teológico-filosófico e de histórias e ilustrações que oferecem insights extremamente práticos. Recomendo com entusiasmo a leitura de Produtividade redimida!"

Filipe Fontes, pastor da Igreja Presbiteriana de Santo Amaro, professor do CPAJ e autor de Você educa de acordo com o que adora

"A produtividade tem sido uma das minhas áreas de interesse e de desafio na vida. Foi uma alegria encontrar um autor que aborda esse tema com sinceridade, detalhamento e zelo, entretendo, de forma envolvente, o melhor da literatura secular sobre o assunto com excelentes referências cristãs. O pastor Allen não se limita a apresentar técnicas de gerenciamento de tempo; ele também traz, à luz do evangelho, uma perspectiva profunda e necessária. Este livro é confrontador, encorajador e repleto de sabedoria bíblica, oferecendo uma aplicação prática para a produtividade que transcende a mera eficiência e apontando para a necessidade de se transformar o coração — e apontando para o Redentor, aquele que possibilitará que isso ocorra."

Naná Castillo, fundadora do Ministério Filipenses Quatro Oito, coautora de Toda mulher trabalha

"E se produtividade estivesse mais ligada ao nosso coração do que às nossas ferramentas? Muitos livros sobre produtividade oferecem métodos e estratégias para lidar com tarefas e compromissos, mas poucos trabalham a alma humana diante do Criador do trabalho. Neste livro, o Pr. Allen Porto aplica os saberes do aconselhamento ao estudo da produtividade, demostrando como 'o caminho da produtividade redimida é o caminho do deleite em Deus'. Recomendo com entusiasmo este guia para todos que buscam alinhar o seu coração e ajustar o seu foco."

Vinicius Musselman, editor-chefe no Ministério Fiel e um dos pastores da Igreja Batista da Graça em São José dos Campos, SP

"Este livro é uma delícia de ler! Do começo ao fim, o pastor Allen é profundo e prático! Ele conversa com o leitor como quem entende exatamente o que é viver esta vida de múltiplas tarefas. O livro é estruturado de tal forma que encoraja o leitor a sondar as motivações do seu coração por meio das palavras de um doce conselheiro, o que confere à obra um aspecto pastoral. Ele ainda desafia o leitor a empregar técnicas práticas, a fim de direcioná-lo em cada uma de suas atividades diárias, trazendo um aspecto educativo à obra, como bom mestre que é. Além disso, direciona o leitor também a Cristo, o que dá ao texto um aspecto evangelístico. O autor, assim, demonstra que a graça o atingiu, moldando absolutamente tudo o que ele faz. Produtividade redimida tem profunda relação com espelhar o mestre em cada um de seus chamados. A leitura deste livro é necessária! Desfrute e seja edificado por essa riqueza!"

Claudia Lotti, coautora de Toda Mulher Trabalha

CONCEITO VISUAL

A verdadeira produtividade acontece no chão da vida comum. O criador dos céus e da terra se importa com a nossa vida aqui, debaixo do sol, e quer nos encontrar em meio à nossa rotina, tarefas, compromissos e obrigações. Por vezes, é precisamente em meio ao nosso caos cotidiano que o encontraremos e reconheceremos que ele é o único que pode alinhar o nosso coração e ajustar o foco da nossa produtividade. Esse é o convite para nós: viver os nossos dias comuns para a glória dele e para que tenhamos cada vez mais alegria em Seu nome!

ESTE LIVRO PERTENCE A

Copyright © 2024 por Allen Porto
Copyright © 2024 Editora Fiel
Primeira edição em português: 2024
Todos os direitos em língua portuguesa reservados por Editora Fiel da Missão Evangélica Literária. PROIBIDA A REPRODUÇÃO DESTE LIVRO, POR QUAISQUER MEIOS, SEM A PERMISSÃO ESCRITA DOS EDITORES, SALVO EM BREVES CITAÇÕES, COM INDICAÇÃO DA FONTE. Os textos das referências bíblicas foram extraídos da versão Almeida Revista e Atualizada, 2ª ed. (Sociedade Bíblica do Brasil), salvo indicação específica.

Diretor Executivo: Tiago J. Santos Filho
Editor-Chefe: Vinicius Musselman
Editor: Renata do Espírito Santo
Coordenação Editorial: Gisele Lemes; Michelle Almeida
Preparação/ Revisão: Shirley Lima
Projeto Gráfico e Diagramação: Luiza Martinez Mansor Guarçoni
Criação e Desenvolvimento de Ferramentas: Amanda Costa Centeno; Maeli Galdino da Silva
ISBN brochura: 978-65-5723-344-3
ISBN e-book: 978-65-5723-345-0

Dados Internacionais de Catalogação na Publicação (CIP)
(Câmara Brasileira do Livro, SP, Brasil)

Porto, Allen
Produtividade redimida / Allen Porto. --
São José dos Campos, SP : Editora Fiel, 2024.
ISBN 978-65-5723-344-3
1. Produtividade 2. Teologia 3. Vida cristã
I. Título.

24-205782   CDD-230

Índices para catálogo sistemático:
1. Teologia cristã 230
Tábata Alves da Silva - Bibliotecária - CRB-8/9253

A Ivonete, Matias, Lúcia e Mel, instrumentos de Deus para me lembrar que a vida é mais do que a correria do dia a dia; e a Charlotte e aos outros dois filhos da aliança que o Senhor já tomou para si, por me lembrar que a eternidade é mais plena que a era presente.

AGRADECIMENTOS

A produção de um livro é um exercício para o coração. Corações desalinhados podem se perder e se tornar cansados e improdutivos, mas a produção de um livro é um microcosmo da experiência mais ampla de vida e serviço. Por isso, a história que conto nesta obra é composta de personagens e cenas muito mais abrangentes do que apenas as que figuram nas páginas a seguir.

A história começa com o Deus Criador e Redentor, aquele que encontrou meu coração alinhado, salvou-me por meio de seu Filho e me conduz por seu Espírito. Ao Deus Triúno, minha eterna gratidão.

A história tem seus primeiros capítulos em São Luís, Maranhão, na residência da Família Porto, que depois seria expandida com a chegada de outros membros. Sou grato ao meu pai, Afonso; à minha mãe, Iris; à minha irmã, Allana; e também a Rafael e

AGRADECIMENTOS

Arthur, cunhado e sobrinho, respectivamente. Vocês formam a estrutura sobre a qual entendi os caminhos e descaminhos da jornada, e sempre foram cheios de amor e misericórdia para comigo.

A história se desenvolveu com a formação da minha família e o acolhimento que recebi dos meus sogros, Ubiracy e Jael, de minha cunhada e de seu marido, Raquel e Fábio, e de minha sobrinha, Rafaela. Muito obrigado por me receberem tão graciosamente.

A história ganhou novas cores com o trabalho de plantação da Igreja Presbiteriana da Cohama. Ali, amigos verdadeiros, como Cauê e Ana Beatriz de Paula, Fernando e Kamylla Melo e Thiago e Camila Reis, viram meus esforços como pastor recém-ordenado (e desordenado) e me ajudaram em minhas limitações.

A história teve uma virada definitiva com o que aprendi no Centro Presbiteriano de Pós-Graduação Andrew Jumper. Ali, tive professores, pastores e amigos que me ajudaram a conhecer e alinhar o coração. Sou especialmente grato ao Rev. Dr. Davi Charles Gomes e ao Rev. Filipe Fontes, que me encorajaram a permanecer firme e concluir minha formação.

A história tem como pano de fundo cada igreja em que fui alimentado e à qual servi. Sou grato à Igreja Batista Getsêmani, à Igreja Batista Monte Carmelo, à Igreja Batista Renascença, à Igreja Presbiteriana do Renascença e à Igreja Presbiteriana de São José do Rio Preto.

A história ganhou um lugar de repouso na igreja que tem me abraçado e à qual tenho servido nos últimos anos. Sou grato à Primeira Igreja Presbiteriana de Barretos, pelo amor, paciência e compreensão das ovelhas para com seu pastor, pelo encorajamento e pela amizade do Conselho. Amo vocês.

Finalmente, este livro só foi possível por causa das talentosas e produtivas equipes da Editora Fiel e da Purpose Paper. Obrigado, Vinícius Musselman, pela proposta; Renata, por ser uma editora tão dedicada; e Tiago Santos, pelo encorajamento. Obrigado, Maeli Galdino e Amanda Centeno, por trazerem beleza e funcionalidade à obra.

Sou grato também aos "invisíveis", de cuja participação nesta história talvez nem eu tenha noção. Saibam que seu trabalho não é vão no Senhor.

A história ainda está sendo contada. E o fim é o descanso no Senhor. A Ele, a glória.

PREFÁCIO 17
INTRODUÇÃO: A REDENÇÃO PELA PRODUTIVIDADE 27

PARTE 1: ALINHANDO O CORAÇÃO 41
1. O VERDADEIRO CAMPO DE BATALHA DA PRODUTIVIDADE 43
2. HUMILDADE PARA OS ORGULHOSOS 55
3. DESCANSO PARA OS VICIADOS EM TRABALHO (WORKAHOLICS) 69
4. A CILADA DA PROCRASTINAÇÃO 89
5. DISCIPLINA (NÃO) É SÓ PARA MILITARES 105

PARTE 2: REDIMINDO A LISTA DE TAREFAS 119
6. DO QUE EU PRECISO PARA SER PRODUTIVO? 121
7. O QUE REDIME A NOSSA PRODUTIVIDADE 137
8. SEU CADERNO É UMA ARMA: RECURSOS NA PRÁTICA 163

PARTE 3: TRABALHANDO O SER PARA, ENTÃO, FAZER 197
9. COMO SE CONSTRÓI UM CASTELO? 199
10. OLHE PARA CIMA 219
11. OLHE PARA O LADO 237

CONCLUSÃO: O FIM PRINCIPAL DO HOMEM 251

PREFÁCIO POR
DAVI CHARLES GOMES

F alsas dicotomias e falsas antíteses, como tudo que é falso, sempre acabam por nos levar a lugares de desesperança e frustração. O mestre Shelley (1792-1822) descreve, em um poema, um viajante que encontrou no deserto os restos de uma estátua de pedra, com as duas pernas ainda de pé e o tronco decepado, em ruínas, caída ao chão. As feições da estátua ainda podiam ser vistas na cabeça semienterrada na areia e revelam a força da personagem representada e a habilidade do escultor. No pedestal da agora arruinada estátua, lê-se uma inscrição: "Meu nome é Ozymandias, Rei dos Reis; Mirem-se em minhas Obras, ó Poderosos, e desesperai-vos!". Lord Shelley conclui, então, expressando a ironia daquela inscrição na ruína colossal em meio às areias do deserto.[1]

Consigo imaginar o sorriso sarcástico de Shelley ao retratar com tamanha força a inutilidade de alguém acreditar no significado duradouro de qualquer obra humana — nem as obras de Ozymandias nem a grande escultura em sua homenagem sobreviveram! Esse poema de Shelley sempre me remeteu a uma dessas falsas dicotomias: os esforços fúteis de produzir uma obra significativa e permanente versus a passividade e a ataraxia[2], abraçar o peso da produtividade ou desistir...

O Bondoso Criador, o mestre da produtividade, entretanto, propôs para suas criaturas preciosas algo bem diferente. Ele certamente criou o homem, coroa da criação, para fins altamente produtivos:

> Também disse Deus: Façamos o homem à nossa imagem, conforme a nossa semelhança; tenha ele domínio sobre os peixes do mar, sobre as aves dos céus, sobre os animais domésticos, sobre toda a terra e sobre todos os répteis que rastejam pela terra. Criou Deus, pois, o homem à sua imagem, à imagem de Deus o criou; homem e mulher os criou. E Deus os abençoou e lhes disse: Sede fecundos, multiplicai-vos, enchei a terra e sujeitai-a; dominai sobre os peixes do mar, sobre as aves dos céus e sobre todo animal que rasteja pela terra. (Gn 1.26-28)

---

[1] Percy Bysshe Shelley, "Ozymandias", em Shelley's Poetry and Prose (1977). Tradução minha, adaptada para prosa.

[2] Ataraxia, na filosofia grega, era um estado ideal de serenidade que só podia ser alcançado mediante a extinção dos desejos, paixões e inclinações dos sentidos — um tipo, em suas piores concepções, de passividade apática ou indiferença.

Logo adiante, Deus resume o propósito que delega ao homem no jardim: "Tomou, pois, o Senhor Deus ao homem e o colocou no jardim do Éden para o cultivar e o guardar" (Gn 2.15). Exercer domínio sobre a criação, ser frutífero, multiplicar-se e fomentar a multiplicação, cultivar e guardar o presente dado pelo Criador — esses propósitos eram consequência da imagem e da semelhança do Criador na criatura e envolviam de forma fulcral a produtividade!

Mas é esse mesmo Criador, agora na encarnação de sua Segunda Pessoa, que responde de modo surpreendente à sua ansiosa e produtiva amiga Marta, que lutava contra a aparente despreocupação produtiva de sua irmã, Maria — aqui vale lembrar a história toda:

> Indo eles de caminho, entrou Jesus num povoado. E certa mulher, chamada Marta, hospedou-o na sua casa. Tinha ela uma irmã, chamada Maria, e esta quedava-se assentada aos pés do Senhor a ouvir-lhe os ensinamentos. Marta agitava-se de um lado para outro, ocupada em muitos serviços. Então, se aproximou de Jesus e disse: Senhor, não te importas de que minha irmã tenha deixado que eu fique a servir sozinha? Ordena-lhe, pois, que venha ajudar-me. Respondeu-lhe o Senhor: Marta! Marta! Andas inquieta e te preocupas com muitas coisas. Entretanto, pouco é necessário ou mesmo uma só coisa; Maria, pois, escolheu a boa parte, e esta não lhe será tirada. (Lc 10.38-42)

Sem as lentes de uma falsa dicotomia, como entender o imperativo implícito da produtividade que nos pertence como imagem e semelhança, sem o ativismo, a autojustiça e a culpa que decorrem de confiar que as obras de nossas mãos, que nossa atividade produtiva, sejam de qualquer forma redentivas?

Bem, meu amigo leitor, é aqui que creio residir o ponto mais central e precioso desta obra do mestre Allen (e certamente há também várias outras pepitas de ouro neste livro que você está prestes a ler). Como diz o próprio e querido Allen Porto na introdução, ao apresentar dois problemas básicos que ele descobriu de início com os métodos de produtividade que buscava dominar:

> O primeiro problema era (e ainda é) a narrativa subjacente a esses métodos. Se você pratica uma busca semelhante à minha, já deve ter visto. Mentores e coaches anunciam que, se você adotar determinada metodologia, empregar certo recurso ou técnica e cumprir certo programa, então você será alguém; terá provado seu valor; será visto como uma pessoa de sucesso; terá vencido a si mesmo; terá tempo para a família; e será mais leve. Resumindo: então, você será feliz. O que muitas vezes deixamos de perceber é que essa é uma linguagem religiosa. Trata-se de uma promessa de redenção: "Faça isso e você finalmente será pleno". Como você já deve ter percebido: salvação pelas obras. Nenhum programa de produtividade conseguirá cumprir essa promessa, pois a salvação vem de outra fonte. Se buscarmos nessa cisterna vazia, morreremos de sede. O detalhe adicional é que, por fim, a produtividade deixa de ser uma concorrente da redenção bíblica para se tornar uma rival e até mesmo uma substituta. Nesses casos, a conversa sobre produtividade se torna exatamente aquilo que mata nossa alma.

O Mestre Porto prossegue destacando que, consequentemente, a insuficiência desses métodos de produtividade em produzir efeitos redentivos provocava culpa e sobrepeso: "Não devo estar fazendo o suficiente".

O convite que Allen Porto faz a você, leitor, é que caminhe com ele em uma jornada que tem início em um lugar inusitado, para, finalmente, chegar ao objetivo que compartilhamos — pelo menos todos nós que, como imagem e semelhança do Criador, desejamos ter uma vida plena de significado, frutífera e produtiva. Para isso, o autor oferece um mapa cujas linhas são simples, mas as implicações se revelam profundas e complexas.

Allen propõe que essa jornada comece por seu verdadeiro ponto de partida, e não por qualquer constructo posterior. Provérbios 4.23 nos lembra: "sobre tudo o que se deve guardar, guarda o coração, porque dele procedem as fontes da vida". Por isso sua primeira e mais importante seção é intitulada "Alinhando o coração" (caps. 1 a 5). E que seção preciosa! Ela começa abordando o cerne da questão, qual seja, sua teorreferência: o verdadeiro campo de batalha é a luta implacável, em nosso estado de queda, do coração com Deus. Em consequência, essa luta faz com que o inimigo primário seja nosso próprio orgulho, nosso egoísmo. Com maestria, o autor nos guia nessa luta e sugere o verdadeiro caminho de vitória: o evangelho, a perseverança e a disciplina.

A próxima seção constrói sobre os alicerces desse realinhamento redentor do coração e propõe como redimir o dia a dia (caps. 6 a 8). Ele argumenta que o coração não é a fonte de produtividade; na verdade, como o local de onde procedem as fontes da vida, é o locus em que ocorre a integração entre as motivações mais profundas e os pontos concretos de disciplina e treinamento, permitindo-nos santificar o cotidiano com hábitos, disciplinas e ferramentas mentais e práticas que incentivam a autêntica produtividade, em serena submissão aos planos de Deus.

Na seção final (caps. 9 a 11), o Mestre Allen — ou devo dizer o Guia Allen, que nos conduz nesta jornada — completa seu mapa oferecendo um vislumbre do que seria uma vida produtiva. Em primeiro lugar, esse é um projeto para a vida toda, e não um caminho que pode ser completado neste lado da eternidade. Envolve o ajuste constante de nossa visão de mundo à luz da revelação divina e um processo permanente de habituação e desabituação (está curioso com o que isso significa? Continue lendo, pois o livro explica). Também requer um norteamento permanente segundo as coisas do alto e, por conseguinte, a capacidade de olhar sempre em volta, reconhecendo o ambiente e nos relacionando com os — e servindo aos — companheiros de jornada.

Em sua conclusão, o autor encoraja os leitores e retoma as questões mais essenciais. Em um tom bem pessoal (o livro todo carrega essa característica), o autor fala um pouco sobre a experiência na conclusão de sua dissertação de mestrado e relata de que maneira Deus trabalhou para seu amadurecimento.

Agora, caro leitor, antes de me despedir para que você desfrute o livro para o qual espero ter aguçado seu apetite, vou aproveitar o parágrafo acima como ponte para algo que beira a indiscrição. O Mestre Allen não é apenas um amigo querido e um colega valioso; é também uma pessoa por quem nutro profundo afeto, como se, por alguns instantes em nossas vidas, seus preciosos pai e mãe me tivessem emprestado Allen para mentorar como filho interino. É melhor explicar: ele veio fazer seu mestrado no Centro Presbiteriano de Pós-Graduação Andrew Jumper durante o tempo em que dirigi aquela casa. Fui seu orientador, regozijei-me quando ele e Ivonete se enamoraram em nossas aulas, senti a proximidade de nossos corações, orgulhei-me de sua produção acadêmica e ainda tive a oportunidade de convidá-lo, posteriormente, para lecionar algumas disciplinas comigo. Portanto, o que ele descreve na conclusão deste livro a respeito da produção de sua dissertação, eu testemunhei, vi e vivi, mas do outro lado.

Peço a vênia de Allen e Ivonete quanto a esse parágrafo, mas ele não é mera inconveniência — eu tenho um propósito. Termino este prefácio declarando-me honrado pelo convite para escrevê-lo e dizendo a você, leitor, que tenho testemunhado na vida de Allen o que, agora, ele está oferecendo neste livro. É tudo verdadeiro porque procede de um pensamento cristão, de uma teologia sólida e, em última instância, da própria Palavra de Deus. Mas também é autêntico e existencialmente genuíno — eu vi e dou fé!

Boa leitura e seja abençoado por esta obra tanto quanto eu fui!

Davi Charles Gomes
Mogi das Cruzes, março de 2024

Antes de começar a ler este livro, pare por um momento, reflita e registre:
"O que significa produtividade para você?"

"Quem é você?"

INTRODUÇÃO:
A REDENÇÃO PELA PRODUTIVIDADE

*E*stamos dentro do ônibus, retornando de viagem. Nossa igreja organizou um acampamento no período de carnaval em outra cidade, e agora é hora de voltar à normalidade. Mas eu não estou normal.

Estou me sentindo estranho. Não sei explicar bem — apenas estranho. E tudo começa no próprio corpo. Ao longo da viagem, sinto uma espécie de mal-estar contínuo, marcado especialmente por náuseas. Em uma das paradas, vomito. Quanto tempo ainda dura essa viagem?

Chegamos a São Luís, minha cidade de origem. Agora tudo volta ao normal, certo? Não necessariamente. As náuseas desaparecem, mas o desconforto físico apenas apontava para um problema na alma. Nas semanas seguintes, vivo em um estado de apatia e desânimo que resulta em outras crises relacionais: sono prejudicado, emoções anestesiadas, corpo exausto, sintomas de esgotamento (burnout). Mas de onde veio tudo isso?

Voltemos ao acampamento. Melhor, voltemos um pouco mais. Eu servia em uma igreja, contribuindo em diferentes áreas. Ainda não era um pastor ordenado, mas trabalhava com a equipe pastoral. Meu apelido na igreja era "Pastor Bombril", por fazer de tudo um pouco e ter "1001 utilidades".[1] Eu sentia certo orgulho desse apelido, porque, em certa medida, falava do meu valor, da minha utilidade e das minhas aptidões. Mas, na ocasião, eu não me dava conta de como o Bombril se desgasta rapidamente.

Eu integrava a equipe de organização daquele acampamento, de modo que trabalhei arduamente antes e durante todo o encontro. Promovia reuniões de planejamento, organização e preparação de materiais, ensaios com a equipe de música, carregava equipamentos com o pessoal da logística, organizava as cadeiras, tirava fotos, ministrava estudo, gravava podcasts, tocava com a banda... tudo isso integrava a lista de tarefas, e eu consegui cumprir. Mas o custo foi alto.

Existe uma expressão em inglês que traduz uma imagem poderosa para nossa experiência de esgotamento: *to burn the candle at both ends* (queimar a vela nas duas extremidades), significando um desgaste maior do que a capacidade de se recuperar, que descreve bem o que aconteceu comigo na ocasião. Eu era uma vela derretendo rápido demais.

---

[1] Ataraxia, na filosofia grega, era um estado ideal de serenidade que só podia ser alcançado mediante a extinção dos desejos, paixões e inclinações dos sentidos — um tipo, em suas piores concepções, de passividade apática ou indiferença.

Por isso, com o fim do acampamento, restou-me nada — ou quase nada — de energia física e mental. E o senso de apatia que me acompanhou nos dias subsequentes deixou claro que havia algo de muito errado no caminho que eu estava seguindo.

Embora essa experiência tenha ocorrido uma vez, meu ritmo acelerado, queimando a vela rápido demais, vem de algum tempo antes. De certa forma, essa se tornou a narrativa comum que perpassa toda a minha história.

Desde a minha infância, tenho muitos interesses, mais do que consigo dar conta. Quando eu era criança, isso acontecia nos esportes: futebol de campo, futsal, natação, basquete, ginástica olímpica — eu pratiquei todas essas modalidades. Na transição da infância para a adolescência, descobri a música e me apaixonei: aprendi a tocar violão e, em seguida, aprendi, pelo menos um pouco, a tocar outros instrumentos, como guitarra, contrabaixo, bateria e teclado[2]. Na transição da adolescência para a juventude, descobri a teologia reformada e mergulhei nas leituras em teologia e outras áreas com um apetite insaciável. Já na vida adulta, servindo como pai de família e pastor de igreja, continuo nutrindo interesses diversos, como fotografia, filmmaking (produção de filmes), design e comunicação, entre outros.

É uma bênção gostar de tantas coisas e saber um pouquinho de cada uma, mas é uma maldição ter sua energia espalhada por tantos caminhos diferentes, sem foco algum.

Durante a infância e a adolescência, eu era tranquilo. Havia energia para dar e vender. Mas, à medida que fui envelhecendo,

---

2 Recentemente, tenho brincado um pouco com o ukulele. É divertido tocar hinos antigos em uma versão mais "havaiana".

toda essa dispersão começou a cobrar seu preço. Na juventude, quando decidi estudar Teologia, a exigência da minha família foi a de que eu fizesse outro curso na universidade. Assim, fiz dois cursos simultaneamente: durante o dia, Comunicação Social (depois mudei para o Direito); à noite, Teologia.

É possível adicionar mais uma camada a essa história. Meu ritmo acelerado vinha da minha pluralidade de interesses, mas também das lutas internas em contato com as demandas externas.

Eu gosto de ser gentil. Não quero parecer — tampouco ser — alguém desagradável. Pelo menos na maioria das vezes. E essa busca por ser agradável tem outra face: o medo de desagradar. O temor de homens [3] apresenta diferentes desdobramentos na vida prática, e um deles é promover a dificuldade de dizer "não". Sem dizer não, eu acumulava tarefas sobre tarefas. E tudo isso somava-se a um estilo de vida não muito saudável. Uma dieta à base de Miojo e Doritos, zero atividade física e péssimos hábitos de sono. Eu me orgulhava de "ser mais produtivo de madrugada" — portanto, não permitia ao meu corpo, nem à minha mente, a devida recuperação.

Faltavam-me rotinas definidas, clareza para os projetos e as tarefas, sobriedade no processo. Como o coelho de Alice no País das Maravilhas, eu estava sempre correndo, sempre atrasado, sempre tenso.

A cereja do bolo era a ausência de momentos intencionais de descanso e recarga. Não apenas os hábitos de sono eram ruins, como também eu usava o dia de folga para lidar com traba-

---

[3] A terminologia bíblica para o que chamei de "gostar de ser agradável" ou "ter medo de ser desagradável" é mais direta: temor de homens (Cf. Sl 27; Mt 10.28).

lhos atrasados ou adiantar alguma coisa que me viesse à mente. Eu não tinha momentos de descanso real.

Junte essas camadas e veja o problema: ritmo acelerado, interesses diversos e dispersão, dificuldade de dizer não, hábitos ruins, falta de descanso... O que poderia dar errado?

O que deu.

À medida que fui envelhecendo e o vigor da juventude já não compensava mais o desgaste de energia sem a devida reposição, comecei a sentir o problema na pele. Já mencionei o sintoma físico daquele episódio específico ao retornar de um acampamento: cansaço, náuseas, vômito. Mas o contexto mais amplo do longo período de desgaste resultou em outras manifestações corporais de fraqueza. Constantes problemas digestivos, maior dificuldade para dormir (além dos hábitos ruins de sono) e baixa imunidade.

Considere que essa situação durou muitos anos. Já casado, por exemplo, eu era fonte de grande preocupação para minha esposa, porque, com frequência, estava resfriado ou com alguma doença do gênero.

O que acontece no corpo afeta a alma e vice-versa. Assim, os sintomas de esgotamento não ficaram restritos ao corpo. Mais do que isso, os sintomas corporais acabaram se tornando gatilhos para problemas mais profundos do coração. Minha ansiedade cresceu terrivelmente e comecei a ter ataques de pânico. Transitava entre medo e ansiedade/culpa e vergonha. Frequentemente doente, eu me sentia irritadiço e desanimado.

Você deve lembrar que a vida não faz pausas para podermos passar por crises. Tudo isso aconteceu ao longo dos anos, enquanto eu tinha de estudar para os cursos de Direito e Teologia, servir na igreja, fazer a especialização, caminhar para a ordenação ministerial, casar-me, fazer o mestrado, plantar uma igreja etc.

Havia uma hipótese e uma pergunta em meu coração enquanto eu passava por isso. A hipótese fundamental era a de que eu experimentava essa crise porque ainda não havia descoberto o método adequado de produtividade, aquele que resolveria meus problemas e me tornaria uma pessoa diferente. A pergunta, obviamente, era a seguinte: qual método seria esse, e como encontrá-lo?

Logo cedo, comecei a procurar e deparei com algo interessante.

Nós não fazemos ideia da quantidade de informação disponível na internet. Apenas arranhamos a superfície de algo muito, muito profundo. Por isso, quase sempre conseguimos encontrar nesse espaço algo relacionado às nossas buscas. E, quando não encontramos, provavelmente é porque estamos pesquisando da maneira errada.

Comecei a pesquisar sobre produtividade, gestão do tempo e gestão de tarefas. Na ocasião, eu nem conhecia esses nomes chiques; apenas sabia que eu desejava dar conta das minhas inúmeras atividades e ainda me sentir vivo. Conheci sites e blogs sobre o assunto, os quais, então, me levaram a livros e mentores de produtividade pessoal. Devorei materiais, conheci métodos e testei recursos. Sempre fui fã de papelaria, então eu tinha um bom pretexto para comprar cadernos, planners, post-its e o que mais me fosse apresentado como algo útil para vencer as tarefas.

Sou grato por essa época. Alguns dos conhecimentos desse período me ajudam até hoje, e alguns desses métodos, técnicas e recursos serão apresentados a você neste livro. Mas dois problemas estavam presentes nesse cenário — dois problemas que afetavam, de forma significativa, a experiência.

O primeiro problema era (e ainda é) a narrativa subjacente a esses métodos. Se você pratica uma busca semelhante à minha, já deve ter visto. Mentores e coaches anunciam que, se você adotar determinada metodologia, empregar certo recurso ou técnica e cumprir certo programa, então você será alguém; terá provado seu valor; será visto como uma pessoa de sucesso; terá vencido a si mesmo; terá tempo para a família; e será mais leve. Resumindo: então, você será feliz.

O que muitas vezes deixamos de perceber é que essa é uma linguagem religiosa. Trata-se de uma promessa de redenção: "Faça isso e você finalmente será pleno". Como você já deve ter percebido: salvação pelas obras. Nenhum programa de produtividade conseguirá cumprir essa promessa, pois a salvação vem de outra fonte. Se buscarmos nessa cisterna vazia, morreremos de sede. O detalhe adicional é que, por fim, a produtividade deixa de ser uma concorrente da redenção bíblica para se tornar uma rival e até mesmo uma substituta. Nesses casos, a conversa sobre produtividade se torna exatamente aquilo que mata nossa alma.

O segundo problema era que eu começava a ler um material, comprava a promessa do método, aplicava com sucesso por alguns dias, mas depois retornava ao meu caos pessoal. O método não era suficiente.

Como quase todas as pessoas que passam por isso, eu acreditava que a culpa era essencialmente minha. "Se o método não está dando certo, é porque não estou me esforçando o suficiente, ou aplicando-o corretamente." Assim, adicionamos mais uma camada — a camada de culpa — ao nosso esgotamento e tornamos tudo ainda mais difícil.

Não era improvável que eu estivesse falhando na execução e na disciplina. Mas havia algo mais. Nós somos mais do que projetos e tarefas, e a mera busca por métodos para executar ações ainda deixa uma grande lacuna a ser preenchida.

A melhor ferramenta na mão de um homem confuso não realizará um bom trabalho. Porque o homem vem antes da tarefa. E foi nesse cenário, perguntando-me por que, mesmo com tantos livros e estudos sobre produtividade, eu continuava sobrecarregado, que eu enxerguei a luz.

Permita-me abrir parênteses aqui. Eu não desprezo os métodos de produtividade. Na verdade, você aprenderá alguns métodos neste livro — volto a dizer. O ponto fundamental é que um bom método, sozinho, é insuficiente para nos ajudar a ser verdadeiramente produtivos.

Faltava uma peça nesse quebra-cabeça. Também faltava a referência para identificá-la. Mas Deus, que é rico em misericórdia, começou a abrir meus olhos.

Eu tinha pistas por todo lado. Ainda na adolescência, quando descobri a fé reformada, a leitura de Charles Spurgeon, Martyn Lloyd-Jones, R. C. Sproul, John Piper e alguns livretos puritanos apontavam para uma dimensão mais profunda da nossa existência. Tempos depois, quando comecei a ler Francis Schaeffer, vi, de forma explícita, a ênfase na dimensão interior, onde reside a verdadeira espiritualidade, como algo que orienta as expressões exteriores de santificação. Mas, somente algum tempo depois, "a chave virou"[4], quando, ao entrar no Centro Presbiteriano de Pós-Graduação Andrew Jumper para os estudos de mestrado em Teologia, comecei a ver as ênfases e aplicações considerando a centralidade do coração na existência humana.[5]

O tema perpassa amplamente as Escrituras, mas nós somos mestres em perder o óbvio de vista, e eu nunca havia considerado mais seriamente essa dimensão. Aquela temporada de estudos no CPAJ me levou a conhecer melhor nomes como o de Herman Dooyeweerd e Cornelius Van Til, no contexto da teologia filosófica, e nomes como Paul Tripp, Edward Welch e David Powlison, [6]no contexto de aconselhamento bíblico. Embora com ênfases distintas, tanto os primeiros como os últimos autores trabalham a dimensão pré-teórica e mais profunda da existência humana, o que a Bíblia chama de "coração". É nesse campo que o verdadeiro jogo acontece: "do coração procedem as fontes da vida", como nos diz Provérbios 4.23.

Não sei dizer exatamente o momento específico em que as peças se conectaram. Provavelmente foi uma sucessão de breves

---

4   Prefiro a expressão "a ficha caiu", mas, como estamos em um mundo sem orelhões e fichas, sigamos com algo mais atual. Se você não sabe o que é "orelhão", pergunte aos seus pais ou avós.
5   Para aqueles que desejam um aprofundamento mais acadêmico sobre o tema, recomendo a leitura de The centrality of the heart in Herman Bavinck's anthropology, de Anthony Hoekema.
6   A Editora Fiel tem feito o maravilhoso trabalho de publicar obras de Edward Welch, David Powlison e outros conselheiros bíblicos. Confira obras como Aconselhando uns aos outros, Fazendo novas todas as coisas e os boxes da série "Aconselhamento".

momentos entre leituras, aulas, conversas, reflexões e orações. Mas, finalmente, havia uma visão mais clara.

Se o coração é central para o campo de motivações, imaginações, intenções, desejos e decisões humanas em diversas áreas, como no contexto da apologética e do aconselhamento em tantas crises, também deve ser verdade que o coração desempenha papel fundamental no contexto da produtividade.

Talvez seja importante providenciar alguma definição de produtividade aqui, porque essa palavra pode confundir e afastar. Um primeiro contato com o termo pode sugerir que produtividade é algo voltado a empreendedores inovadores urbanos e sofisticados. Talvez seja coisa de empresários. No máximo, pode envolver profissionais de diferentes áreas e estudantes que se preparam para concursos públicos. Mas essa percepção é enganosa.

Tim Challies, em seu precioso *Faça mais e melhor*, define produtividade como "administrar seus dons, talentos, tempo, energia e entusiasmo com eficácia pelo bem das pessoas e para a glória de Deus".[7] Essa é uma excelente definição, livrando-nos, inclusive, de pensar em produtividade apenas como algo voltado ao contexto profissional.

Você faria bem em assimilar essa visão. Mas, se me permite descomplicar ainda mais, deixe-me definir produtividade, ou a verdadeira produtividade, como "responder aos chamados de Deus para a sua vida com excelência". Tudo o que fazemos no mundo se dá em resposta a Deus, pois somos seres pactuais. A diferença é que alguns caminham em submissão; outros, em

---

[7] Tim Challies. *Faça mais e melhor: um guia prático para a produtividade.* São José dos Campos, SP: Fiel, 2018, p.18.

rebelião[8]. E, mesmo entre os que caminham em submissão a Deus, existem aqueles que respondem aos chamados do Senhor com excelência, e outros que não o fazem. Por excelência, penso em melhores motivações, melhores métodos e melhores metas. E, quando falamos em motivação como algo fundamental para a produtividade, entramos no campo do coração — aqui encontramos o terreno certo para começar o trabalho.

Durante anos, li, estudei, examinei e tentei aplicar diferentes métodos de organização e produtividade para, ao final, após algum tempo, me sentir frustrado. Por um bom período, comprei a promessa de redenção, acreditando que, se eu utilizasse determinado programa, finalmente encontraria descanso para meu coração, ou encontraria meu valor ao ver a lista de tarefas completamente executada. Durante anos isso aumentou o fardo que já existia sobre meu coração, trazendo novas camadas — além das tensões presentes — de insatisfação, culpa e desânimo. Mas, quando o diagnóstico correto apareceu, e o medicamento pôde ser aplicado no lugar central, uma série de mudanças significativas entrou em cena.

Entenda bem: eu não me tornei uma máquina de produtividade. Não escrevo a você para dar a ideia de que me tornei um robô executor de tarefas em um ritmo alucinante. Não tenho a intenção de sugerir que o melhor caminho é fazer muitas coisas, e que eu me tornei essa pessoa. Talvez essa seja a visão não cristã de produtividade: realizar muito. Mas você pode ganhar o mundo inteiro e perder sua alma. Não é isso que buscamos.

---
8   Aqui estão alguns insights de Cornelius Van Til e da teologia filosófica para o campo da produtividade pessoal.

Algumas mudanças começaram a acontecer, e a primeira delas foi que me percebi aprendendo o contentamento. Como veremos mais adiante, os pilares de uma visão cristã de produtividade envolvem identidade, discipulado, vocação e momento. Eu comecei a perceber a solidificação desses aspectos em meu coração e isso promoveu o crescimento na experiência da paz.

Quando estamos contentes, a vida fica mais leve e descomplicada. Desse modo, passei a me entender melhor, à medida que ia conhecendo mais acerca de Deus, e passei a ficar mais contente, mesmo contemplando minhas limitações.

Olhando para o coração, eu me dei conta de que a dificuldade em responder aos chamados de Deus para minha vida residia em aspectos diversos, como o orgulho, a confusão, a desobediência em relação ao descanso, o desejo de controle e perfeccionismo, a falta de clareza quanto às minhas vocações e a rejeição do meu momento.

A transformação, contudo, não foi automática. A caminhada de santificação acontece um dia de cada vez, um passo de cada vez. Mas, nesse ritmo, comecei a experimentar uma mudança significativa na maneira de encarar a vida e, consequentemente, na maneira de responder aos chamados de Deus — de ser produtivo.

Agora eu contava com uma base suficientemente sólida para fixar alguns dos métodos, técnicas e recursos que havia aprendido. E pude passar a usá-los com melhor proveito. Desde então, tenho caminhado nesse ritmo. Existem alguns períodos melhores; outros piores. Há momentos de hiperfoco e grande produtividade, mas também ainda existem momentos de confusão e cansaço. Mas, com o coração diferente, tenho caminhado por esses momentos com muito mais equilíbrio e leveza.

É isso que desejo a você, e por isso compartilharei alguns desses insights fundamentais nas próximas páginas. Quero convidá-lo a caminhar comigo nesse ritmo lento e constante, para percebermos quão longe conseguimos chegar quando a direção se torna mais importante do que a velocidade.

Nas próximas páginas você encontrará o caminho para a verdadeira produtividade. Esse caminho está dividido em três etapas. Em primeiro lugar, trataremos do alinhamento do coração. Se essa é a área mais fundamental da nossa existência, temos de começar por ela. Você perceberá como seu coração tem "sabotado" sua produtividade de diversas maneiras. Na segunda parte, observaremos alguns métodos, técnicas e recursos de produtividade. Nela, você encontrará ferramentas práticas para a gestão de energia, tempo, projetos e tarefas. Por fim, na terceira parte, você encontrará a recomendação de áreas importantes da vida que, em geral, ficam de fora quando falamos sobre produtividade.

Esse é o mapa, e você está convidado para a jornada. Vamos juntos?

PARTE 1
ALINHANDO O CORAÇÃO

1
O VERDADEIRO CAMPO DE
BATALHA DA PRODUTIVIDADE

Sento à mesa para trabalhar. Na lista de tarefas, há diversos itens: provas a corrigir, sermões a preparar, ligações a fazer (alguém aí ainda usa o telefone para ligar?), planejamentos a concluir etc. etc. Mas, quando sento e encaro a lista de tarefas, também sou encarado por ela. E julgado por ela. Após alguns segundos ou minutos olhando para o nada, sem saber por onde começar, vejo uma notificação no celular. Abro o WhatsApp, e confiro dois ou três grupos diferentes com mensagens diversas. Em um deles, há um link para um vídeo no Instagram, ao qual não resisto. Do WhatsApp, passo para um mergulho no Instagram. Um vídeo leva a outro vídeo. Um perfil traz uma notícia política preocupante e curiosa, e dali sigo para pesquisar mais sobre o assunto em um portal de notícias, que, por sua vez, me suga para outro universo, até que, quando paro e observo, já se passaram horas e eu não saí do lugar. A lista de tarefas me julga com maior violência, e eu afundo em frustração e culpa.

Eu sei que não estou sozinho nessa experiência. Como chegamos a essa condição? O que aconteceu conosco? Por que fugimos, ainda que não intencionalmente, dos chamados que Deus tem para nós?

Existem diversas sugestões e maneiras de descrever esse problema. Falam-nos do paradoxo da escolha, do excesso de estímulos, da vontade não educada, do controle da dopamina — e certamente todas essas explicações têm o seu devido lugar. Mas e se o buraco for mais fundo?

Neste capítulo, quero propor a ideia de que nossas lutas com a produtividade brotam não tanto dos elementos externos, que certamente nos atrapalham em alguma medida, mas do centro mais profundo da nossa existência.

O CENTRO DA NOSSA EXISTÊNCIA

Em Mateus 15, Jesus tem uma conversa inusitada com um grupo de fariseus. Talvez você se lembre da história: os fariseus observavam Jesus e seus discípulos com toda a atenção, buscando alguns aspectos para condená-los. E, então, notaram que os discípulos do Mestre não lavavam as mãos antes de comer. Prontamente, eles vão até Jesus com uma pergunta que, na verdade, é uma acusação: "Por que transgridem os teus discípulos a tradição dos anciãos?" (Mt 15.2).

Jesus, que é o mestre da subversão criativa, demonstra que os fariseus recorriam às suas tradições para quebrar os mandamentos de Deus, desonrando seus pais em momentos de necessidade.

Os fariseus haviam criado uma brecha para não cumprir o quinto mandamento e ainda ganhar algum capital de influência religiosa, parecendo piedosos diante de todos. Por isso Jesus é duro e os chama de "hipócritas" (v. 7). Mas, na sequência, Jesus entra no ensino mais profundo que os fariseus não conseguiam entender: não é o que entra no homem que o contamina, mas o que sai dele. E nem mesmo os discípulos entenderam bem o que isso significava, mas o Senhor explicou:

> Mas o que sai da boca vem do coração, e é isso que contamina o homem. Porque do coração procedem maus desígnios, homicídios, adultérios, prostituição, furtos, falsos testemunhos, blasfêmias. São estas as coisas que contaminam o homem; mas o comer sem lavar as mãos não o contamina (Mt 15.18-20).

O ensino de Jesus é que aquilo que produzimos externamente tem origem interna. Tudo o que fazemos brota do centro da nossa existência, aquilo que a Bíblia chama de "coração".

UMA LÓGICA ALTERNATIVA

A compreensão comum acerca do homem é a de que ele nasce como uma folha em branco, como uma "tábula rasa", e a sociedade o corrompe. Dessa antropologia geral, extraímos as explicações para nossos dilemas pessoais: somos produto do meio, e há sempre algo ou alguém à nossa volta que serve de causa para nossos fracassos. Uma dona de casa, por exemplo, pode culpar seus filhos agitados pela louça suja na pia. Um empreendedor pode culpar seus funcionários por não ter batido as metas da empresa. Uma jovem culpa os homens do mundo pelo fato de ainda estar solteira. Um pastor culpa suas ovelhas por ele não haver preparado o sermão adequadamente. Um casal joga a culpa um no outro pelo desrespeito praticado na caminhada a dois.

É fácil colocar a culpa nos elementos externos: o ambiente ou as outras pessoas. Eles são visíveis, palpáveis e, em alguns casos, nem mesmo oferecem resistência à nossa acusação. E é verdade que o ambiente e outras pessoas têm influência sobre o modo de agirmos. Mas, quando paramos por aí, estamos, na verdade, fugindo do ensinamento bíblico e entrando em um labirinto do qual jamais conseguiremos sair. Uma vez determinados pelo ambiente e pelas outras pessoas, esse será sempre o caminho escolhido para justificarmos a nós mesmos por nossos fracassos.

Curiosamente, até mesmo o mundo tem reconhecido que esse caminho não é sustentável se desejamos ter uma vida produtiva. Pessoas que não servem ao Senhor já falam sobre a importância da responsabilidade individual — ou o que, no jargão do nosso tempo, está sendo chamado de "autorresponsabilidade".

O conceito de autorresponsabilidade busca contrapor-se à nossa inclinação natural de culpar os outros por nossas escolhas e ações. É um convite para aceitarmos a responsabilidade plena pelo que fazemos e pelas consequências de nossos atos.

Esse é um movimento positivo, mas a Bíblia nos leva ainda mais longe. Não se trata apenas de estarmos dispostos a assumir a responsabilidade, mas de entendermos por que a responsabilidade é nossa. A lógica alternativa da Escritura nos aponta que, embora o ambiente e outras pessoas tenham influência sobre nós, aquilo que imaginamos, desejamos, pensamos, falamos e fazemos, em última análise, vem de dentro, e não de fora. Em outras palavras, não é uma busca por ser o "protagonista da sua vida" — você não é;

é o reconhecimento de que nossas escolhas, ações e as respectivas consequências brotaram do nosso coração.

ENTENDENDO O CORAÇÃO

A linguagem sobre o coração se tornou confusa em nossos dias porque tendemos a usar esse termo para falar especialmente de uma dimensão emocional de nossa vida.

Lembro-me de um casal que aconselhei. Repetidas vezes, a esposa dizia que seu marido era péssimo em conversar com ela sobre "as coisas do coração". O que ela pretendia dizer era que seu marido não se abria para ela sobre suas emoções. Essa é a noção comum. Mas, na Escritura, coração é algo mais abrangente. Trata-se da sede do nosso ser, o centro da nossa existência. Provérbios 27.19 nos diz: "Como na água o rosto corresponde ao rosto, assim, o coração do homem, ao homem". Isso significa dizer que o nosso coração é aquilo que somos em essência. Provérbios 4.23 nos diz que do coração "procedem as fontes da vida".

Assim, usando a descrição comum das faculdades da alma, o coração é a sede do intelecto, das emoções e da vontade. Como Jesus descreveu em Mateus 15, é o campo no qual residem nossa imaginação e nossos sonhos, e de onde brotam nossas palavras e ações.

Amar a Deus de todo o coração, portanto, significa amar a Deus com a inteireza do nosso ser, e não apenas com uma parte emocional.

CRISTÃOS NO BANCO DA IGREJA, MATERIALISTAS NA MESA DO ESCRITÓRIO

Comece a conectar os pontos. Se eu experimento lutas na produtividade, por onde devo começar a tratar a questão?

A resposta comum, mesmo entre cristãos, é a de que nossas lutas com a produtividade — seja no desafio de arrumar a casa, estudar para o ENEM, entregar os relatórios dentro do prazo ou qualquer outra demanda de nossa vida — são essencialmente lutas com ambientes, pessoas e métodos.

Na prática, nós agimos como materialistas da produtividade, excluindo a dimensão interna (e imaterial) da nossa existência, e excluindo a relação disso com Deus. Assim, na busca pelo crescimento em produtividade, compramos máquinas de lavar louça, programas de estudo, livros e mentorias de organização do nosso tempo e de nossas tarefas.

Portanto, resta-nos saber por quem temos sido cooptados: pelos materialistas, que desprezam o sobrenatural, ou pelos fariseus, que só contam a dimensão externa. O resultado prático é o mesmo: deixamos de fora aquilo que precisa ser tratado.

"Amar a Deus de todo o coração, portanto, significa amar a Deus *com a inteireza do nosso ser*, e não apenas com uma parte emocional."

PRODUTIVIDADE A PARTIR DO CORAÇÃO

Quando abandonamos o materialismo e o farisaísmo, podemos nos colocar diante do espelho da Palavra de Deus. E agora a ressonância vai começar.

Primeiro, entenderemos que a produtividade — responder aos chamados de Deus para a nossa vida com excelência — não é uma parte neutra da nossa vida, mas que pertence ao campo da santificação. Trata-se de andar nas boas obras que foram preparadas por Deus para nós de antemão (Ef 2.10).

Isso significa que a produtividade é da ordem espiritual, por mais que o mundo queira lhe negar esse status. Produtividade não é sobre você atingir seus sonhos, ou sobre ficar milionário. Não é sobre conseguir fazer muitas coisas, nem mesmo sobre conseguir algum tempo livre. Produtividade é sobre adorar a Deus com a nossa vida, agindo a partir de um coração que está alinhado ao Deus verdadeiro.

Se do coração procedem as fontes da vida; se lá é a sede do nosso ser; se imaginação, desejos, emoções, intelecto descrevem o que somos em nosso interior, esse é o primeiro campo a ser considerado quando andamos esgotados e distraídos, procrastinando e fugindo das responsabilidades.

É verdade que a realidade é complexa e multidisciplinar: vários fatores precisam ser levados em consideração. Mas tudo começa no coração. É lá que encontraremos nossos anseios e nossos temores; nossas expectativas e nossos sonhos. É lá que encontraremos as motivações para fazer o que fazemos da maneira que temos feito.

É no coração que repousam a alegria e a agonia, o foco e a distração, a energia e o desânimo. É o que acontece no coração que nos leva a abraçar um projeto com vigor ou com desleixo; é o que nos motiva a terminar uma tarefa antecipadamente, ou a nem mesmo terminá-la.

É por causa do coração que assumimos a responsabilidade ou a transferimos para alguém ou alguma coisa; é por causa do coração que pensamos em melhorar algo e buscar excelência, ou que entregamos de qualquer maneira.

Do coração procedem as fontes da vida.

AS LUTAS DO CORAÇÃO NA RESPOSTA AOS CHAMADOS DE DEUS

Agora vamos mergulhar nas profundezas do mar. Como o autor de Provérbios nos diz: "Como águas profundas, são os propósitos do coração do homem, mas o homem de inteligência sabe descobri-los" (Pv 20.5). Por isso, coloque seu traje de mergulho, e não se esqueça do cilindro de oxigênio. Você vai precisar.

Enquanto vasculhamos o fundo do oceano, percebemos que, por trás de cada luta com as tarefas não cumpridas, com o desejo de desistir, com a confusão mental e emocional, e com o esgotamento, existem pedras e blocos inteiros de orgulho, descontentamento, apego aos apetites, temor de homens e desejos desordenados.

Nos próximos capítulos observaremos essas rochas e começaremos a identificar como elas estão afetando o ecossistema da nossa vida e do nosso serviço.

Começaremos pela rocha mais básica: o orgulho.

1. Quando você não cumpre algum dos seus compromissos, você costuma assumir a responsabilidade para si ou a transfere para outros?

2. Quais desculpas você costuma dar quando não cumpre seus compromissos (pessoais ou com outras pessoas)?

3. Além de Mateus 15.18-20, quais outros textos bíblicos demonstram que aquilo que fazemos vem do nosso coração e não de circunstâncias ou fatores externos?

4. Embora você saiba que deve amar a Deus de todo o coração, quais áreas (pessoal, espiritual, vocacional, missional, relacional) da sua vida mais precisam ser rendidas a ele?

5. Como o conceito de produtividade muda o modo como você analisa seu desempenho? Pense em exemplos práticos.

ANOTAÇÕES

2
HUMILDADE PARA OS ORGULHOSOS

*I*magine-se entrando em um consultório médico. Aquelas paredes embranquecidas e o ambiente tão higienizado quanto distante da vida. Você tenta se aconchegar em uma cadeira com estofado verde, e começa a falar:

— Doutor, decidi vir aqui porque tenho me sentido mal nos últimos meses. Dores ocasionais no corpo, indisposição, por vezes, "do nada", sinto o coração acelerado, estou mais lento, tenho dores de cabeça e tenho me resfriado com muita frequência.

O médico faz algumas breves anotações e caretas enquanto escuta seu relato. Depois de uma pausa, ele pergunta:

— Quando esses sintomas começaram?

— Eu já os tive em outros momentos da vida, mas estão mais frequentes de uns três meses para cá.

Outra anotação.

— Você tem feito atividade física?

— Eu me inscrevi em uma academia, mas nunca fui, na verdade.

— Como está a sua alimentação?

— Eu sei que deveria comer melhor, mas minha dieta é à base de McDonald's.

— Seu sono?

— Durmo pouco, reconheço. Tenho muita coisa para fazer, e também fico bastante nas redes sociais.

Ele deixa escapar um sussurro:

— Hum...

Você arregala os olhos e pergunta:

— Você sabe o que eu tenho?

Ele responde:

— Sim. Orgulho.

Você não consegue esconder a expressão de surpresa. Mas, antes que consiga formular a próxima pergunta, ele continua:

— Você sabe que deveria cultivar hábitos de vida mais saudáveis. Você sabe que deveria fazer atividade física e não faz. Sabe que deveria se alimentar melhor e não se alimenta. Sabe que deveria dormir melhor e não dorme. Por quê? Porque, até então, pensava que simplesmente conseguiria viver assim. Achava que não teria problemas, e que poderia levar a vida do seu jeito. Achava que os planos para sua caminhada seguiriam normalmente, apesar das suas escolhas. Achava que estava tudo sob (o seu) controle. O nome disso é orgulho.

UM DIAGNÓSTICO IMPROVÁVEL

Quando experimentamos as dores do nosso chamado — seja como profissionais, donas de casa, estudantes, pastores etc. —, pensamos em diversas causas. "O trabalho é difícil", "Meus filhos nunca contribuem para termos uma casa limpa", "O professor exige a leitura de mais livros do que eu consigo ler", "O povo da igreja é difícil demais". Talvez até mesmo coloquemos a culpa em nós em alguns momentos: "Eu não sou tão ágil", "Não tenho o domínio da matéria", "Não fui treinado para essa ocasião".

As causas podem ser externas ou internas — em geral, são externas —, mas dificilmente olharemos para nossas dores no campo da produtividade esperando o diagnóstico de orgulho.

O problema não é tempo (ou a falta dele)? Habilidade (ou a falta dela)? Organização (ou a falta dela)? O problema não é a falta de recursos adequados, o empecilho que as outras pessoas colocam ou até mesmo a nossa criação? Talvez esses elementos devam ser levados em consideração, mas, antes, temos de olhar para o orgulho em nosso coração.

James Burtness nos diz: "Sempre que a condição do homem em pecado e sua necessidade de salvação forem consideradas de modo radical, o orgulho será visto como o problema básico do homem".[1] Ele também nos ajuda a pensar no orgulho como a idolatria do eu.

O orgulho envolve colocar a si mesmo no centro do mundo: suas relações, ambições e tarefas giram em torno de si. Diferentemente do que, em geral, pensamos, nem sempre a centralidade

---

1 James Burtness, in: Carl Henry, Dicionário de ética cristã (São Paulo: Cultura Cristã, 2007), p. 427

do eu se dá com pensamentos positivos. O pastor Timothy Keller nos lembra que o ego pode assumir uma condição inflada ou esvaziada.[2] O orgulhoso não é apenas aquele que coloca a si mesmo em posição superior, mas também aquele que vive autocentrado, ainda que na autodepreciação. O ego, e não Deus, está ocupando o centro de sua vida.

DOIS TIPOS DE PESSOAS

Quando pensamos em projetos ou tarefas, é possível identificar duas posturas fundamentais, representadas por dois tipos de pessoas: as otimistas e as pessimistas. Você conhece alguém assim, e está mais próximo de uma dessas caracterizações. Alguém surge com uma ideia: "E se lançássemos um produto novo na empresa?", "E se organizássemos uma viagem em família?", "E se fizéssemos uma conferência teológica na igreja?".

Os otimistas responderão com ânimo e empolgação. "Vamos lá!" Eles tendem a "ir para cima" do desafio com garra, canalizando sua energia para o projeto em mãos. A parte boa dos otimistas é que seu ânimo é contagiante e eles têm bastante energia. Algumas vezes, o trabalho é realizado com maior velocidade por causa de seu foco e de sua proatividade. Mas há um "porém".

Os otimistas agem assim porque confiam na força do seu braço. Eles veem os projetos como desafios pessoais e por isso se esforçam tanto. Por vezes estão pouco conscientes de suas limitações, de modo que se expõem ao esgotamento. Dizem muito "sim" e pouco "não". Atropelam as pessoas no processo, pois estão mais focados em cumprir a missão do que em manter uma boa

---

[2] Tim Keller, Ego transformado (São Paulo: Vida Nova, 2014), p.16.

dinâmica social. "Eu consigo fazer" — esse é seu lema pessoal. Suas expectativas sobre si e sua autoimagem e autoconfiança estão desordenadas.

Em algum momento, os otimistas se frustrarão. Ou em vários momentos. E o impacto disso poderá ser devastador, levando-os ao outro lado do pêndulo.

No outro lado, estão os pessimistas. Quando uma nova ideia é lançada, eles a contemplam com desânimo: "Acho que isso não é para mim"; "Isso é difícil demais"; "Não vai dar certo"; "É melhor nem perder tempo com isso". Há diferentes camadas por trás dessa visão, mas o ponto é que, de uma forma diferente dos otimistas, os pessimistas encaram projetos e tarefas como um peso insuportável ou, na melhor das hipóteses, como um mal necessário.

A parte boa dos pessimistas é que eles têm alguma consciência de suas limitações e, assim, evitam ilusões. Porém, às vezes há uma ênfase exagerada em suas limitações e na crença de que todo esforço é inútil. Os pessimistas agem assim por desconfiarem da força do seu braço. "Não vai dar" — esse é seu lema pessoal. Suas expectativas sobre si mesmo e sobre sua autoconfiança também estão desordenadas.

O fato é que otimistas e pessimistas podem oferecer reações diametralmente opostas a um mesmo projeto, mas eles têm a mesma base. Nós tendemos a qualificar um ou outro segundo nossas preferências pessoais — "Prefiro um otimista, porque pelo menos ele não foge da raia". Ou: "um pessimista vai fazer um trabalho mais realista" —, mas, na verdade, ambos estão fazendo a mesma coisa. Mas o que eles estão fazendo exatamente?

Ambos estão centrados em si mesmos. Eles tomam a si como o ponto de referência fundamental para as ideias, os projetos e as tarefas que aparecem. E colocar a si mesmo como o centro do mundo nada mais é que... orgulho.

Talvez você seja uma pessoa otimista. Você parte para cima das tarefas com voracidade e sem muita noção. Eu era um otimista até experimentar o esgotamento. Talvez você seja um pessimista, esquivando-se das responsabilidades com desculpas sem-fim. Eu me tornei um pessimista quando me sentia esgotado. Talvez você transite de um lado para o outro do pêndulo, tentando e ncontrar em si mesmo o centro organizador da sua caminhada. Mas isso não é possível.

OS EFEITOS DO ORGULHO SOBRE A PRODUTIVIDADE

O desalinhamento na vida com Deus promoverá o desalinhamento na autoimagem, nos relacionamentos sociais e no cumprimento dos nossos chamados — nossa produtividade.

Os orgulhosos se colocam no centro do mundo, de modo que têm uma visão exagerada de si mesmos, uma visão para cima ou para baixo, relacionamentos problemáticos, envolvendo dominação ou submissão, além de uma produtividade distorcida, em ativismo ou procrastinação.

O ativismo, mais ligado ao perfil otimista, envolve o gasto de energia a partir de uma compreensão exagerada de suas potencialidades. O ativista quer correr e fazer muita coisa. Se descermos algumas camadas para considerar suas motivações, provavelmente encontraremos a busca por validação e segurança — a tentativa de firmar sua identidade nisso.

O ativista realizará muitas coisas, mas um dia a fatura chegará. Planos frustrados, ou um corpo e um coração quebrados pelo excesso de atividade. Quem um dia era "ligado em 220v" agora parece descarregado, incapaz de se concentrar, doente e irritadiço.

A postura do procrastinador, mais ligada ao pessimista, envolve a suposta preservação de energia com base em uma compreensão subestimada de suas potencialidades. Repousa aqui o egoísmo de quem deseja se preservar, em vez de se desgastar no serviço a Deus e ao próximo. Por isso, evita a fadiga. Mas, ao fazer isso, alimenta vícios em seu coração. Desconfia do cuidado e da provisão de Deus para "jogar em terreno seguro", porque busca segurança em si mesmo. Mas a inércia também cobra seu preço. Chegará o dia em que os projetos não concluídos o consumirão, junto ao senso crescente de culpa e inutilidade.

Mas esse não é o pior dos problemas. Fosse apenas o esgotamento ou um senso de culpa, e ainda estaríamos falando de questões menores. O problema maior é o veredicto bíblico: "Deus resiste aos soberbos, mas dá graça aos humildes" (Tg 4.6).

Deus resiste aos soberbos. Nosso orgulho não produz apenas esgotamento ou culpa; ele recebe uma resposta de Deus muito mais intensa. Quando buscamos ocupar o centro do mundo e viver para nossa glória, estamos em oposição ao Senhor. E o Senhor se oporá a nós. Por vezes, seremos gentilmente quebrantados pelo Senhor, com o fim de aprender a realidade de que só há um Deus, cuja glória não pode ser dividida com ninguém.

O EVANGELHO E A PRODUTIVIDADE CONTRACULTURAL

Nossa cultura nos encoraja a seguir a direção autorreferente: "Acredite no seu potencial" ou "Preserve a si mesmo", essas são formas distintas de encorajar os otimistas e pessimistas a continuarem olhando somente para si. Mas nada disso produzirá a verdadeira produtividade.

Os verdadeiros produtivos ouviram uma voz além da sua. Ouviram as palavras de graça que estão no evangelho, razão pela qual agora direcionam sua vida para além de si mesmos. Estão voltados para o Senhor. Olhando para o Senhor, recebem a mensagem que os derruba e que os levanta.

Quando estão autoconfiantes demais, são lembrados de que "não é por força, nem por violência". São lembrados de que "a ira do homem não produz a justiça de Deus". São lembrados de que "não depende de quem quer ou de quem corre". E assim podem correr menos e andar mais.

Quando estão centrados em suas limitações, ouvem a voz que anuncia: "Os que esperam no Senhor renovam as suas forças, sobem com asas como águias, correm e não se cansam, caminham e não se fatigam" (Is 40.31), recebem o encorajamento que diz "Não temas, porque eu sou contigo". E assim podem partir para realizar as tarefas difíceis.

Olhando para fora de si mesmos, eles descobrem a energia e o foco necessários para fazer o que precisa ser feito.

"Ouviram as *palavras de graça* que estão no evangelho, razão pela qual agora direcionam sua vida para além de si mesmos. *Estão voltados para o Senhor.*"

O COMEÇO DO SEU TRATAMENTO

Talvez você imaginasse estar procrastinando apenas por ser preguiçoso. Ou não sabe lidar com as pessoas mais lentas simplesmente porque você é "acelerado demais". Talvez tenha chegado a este livro tentando encontrar respostas imediatas para as suas lutas no cumprimento de suas responsabilidades.

Bem, o tratamento começou. O primeiro diagnóstico é: o orgulho no coração nos tem tornado ativistas e/ou procrastinadores. Nossa relação com os projetos e tarefas é tensa porque estamos olhando demais para nós mesmos, e olhando de menos para o Senhor. Se não aprendermos a ficar de joelhos, não conseguiremos ficar de pé.

E, se não aprendermos a descansar, não aprenderemos a produzir. Mas esse é o assunto do próximo capítulo.

1. Que tipo de orgulhoso é você: aquele que pensa mais de si mesmo (supõe ser mais do que é) ou que pensa menos de si mesmo (depreciando-se)? Justifique.

---

2. Que tipo de orgulhoso é você: otimista ou pessimista? Justifique.

---

3. Você se considera ativista ou procrastinador? Justifique.

---

4. Abra a sua Bíblia e vá em busca de versículos que sirvam de escudo na luta contra a autoconfiança e contra estar centrado em suas limitações. Registre as referências.

5. Nossa relação com a produtividade é tensa, porque, de diferentes maneiras, somos orgulhosos. Em uma oração, confesse de que maneiras você tem sido orgulhoso e peça ao Senhor que quebrante o seu coração, concedendo-lhe humildade. Registre sua oração a seguir e volte a ela ao longo do seu dia e semana.

HUMILDADE PARA OS ORGULHOSOS

ANOTAÇÕES

3
DESCANSO PARA OS VICIADOS EM TRABALHO (WORKAHOLICS)

"Como está a vida?" Resposta: "Uma correria". De alguma forma, esse se tornou um diálogo comum, se não padrão, para muitos de nós. Estamos mais ocupados do que nunca, e sem perspectivas de mudança. Em muitos casos, nutrindo desejos ambíguos a esse respeito.

Kevin DeYoung, em seu livro Super ocupado, afirma algo semelhante: "Não conheço ninguém nos Estados Unidos (meu país) que responda à pergunta 'Como você está?' com: 'Bem, para início de conversa, não estou muito ocupado'".[3]

Eu sei que não preciso gastar muita tinta tentando convencê-lo disso. Talvez agora mesmo você esteja passando por dificuldades para prosseguir na leitura deste livro por causa da tal "correria".

---
[3] Kevin deYoung, Super ocupado (São José dos Campos, SP: Fiel, 2018), p. 6 (edição eletrônica).

Os dispositivos tecnológicos nos prometeram liberdade e mais tempo, mas nos entregaram escravidão e ocupação total.

DOENTES NO SERVIÇO
Não apenas estamos sempre ocupados, como também muitos de nós têm uma relação distorcida com o trabalho.

✦ Séries como Suits nos apresentam o cenário do mundo corporativo. Nesse mundo, um iniciante em um escritório de advocacia tem de ser um dos primeiros a chegar e um dos últimos a sair se deseja crescer profissionalmente. Considera-se "virar a noite" no escritório algo virtuoso.

✦ Pais de família trabalham excessivamente buscando atingir um sonho profissional, garantir seu emprego, conseguir uma promoção ou pelo menos se livrar das cobranças do seu chefe e das demandas de sua equipe.

✦ Donas de casa acreditam que não podem parar nem mesmo por um minuto, porque, no momento em que pararem, a casa ficará "pelos ares".

✦ Pastores e líderes cristãos acreditam que precisam fazer sempre mais, porque a igreja depende de seu esforço contínuo.

✦ Estudantes e concurseiros tomam energéticos e doses excessivas de café para não parar de estudar em nenhum momento.

Como resultado disso, adotamos o mesmo lema de um canal fechado de televisão: "Nunca desliga". Nós nunca desligamos.

Os acomodados existem, mas o ritmo da vida contemporânea privilegia a correria, e tem movido a maior parte da população ao estilo de vida workaholic, dominado pelo trabalho incessante.

EU NÃO POSSO PARAR

Eu tenho uma tendência ao ativismo. Existem algumas razões no coração (sobre as quais falaremos mais adiante), mas por ora guarde essa informação.

Mesmo trabalhando no ministério pastoral — e lidando diretamente com a Bíblia —, eu cultivava visões antibíblicas do trabalho. Isso porque, durante anos a fio, eu não sabia o que era tempo de folga e de descanso. Em geral, a folga pastoral acontece nas segundas-feiras. Então, para mim, esse dia da semana se destinava a duas coisas: lidar com as demandas atrasadas e adiantar outras demandas de serviço. Além disso, eu cultivava péssimos hábitos de sono, dormindo muito tarde e não reservando tempo para o descanso e a recuperação do corpo e da mente.

Aqui, repito: quando somos jovens, é relativamente fácil suportar um ritmo mais intenso de vida. Mas a idade chega e o tempo cobra seu preço.

No meu caso, nem precisou passar muito tempo. Seguindo um ritmo insustentável de vida, comecei a adoecer no corpo e na alma: baixa imunidade, resfriados constantes, indisposição, dificuldade para dormir, ansiedade, ataques de pânico, irritabilidade... a lista é extensa.

Estávamos plantando uma igreja na época em que isso aconteceu. O trabalho de plantar uma igreja é, naturalmente, intenso. Além disso, eu cursava mestrado em Teologia — outra atividade cheia de demandas. Também nesse período, minha esposa engravidou e nós tivemos nosso primeiro filho. As demandas só aumentavam.

Minha mente nutria um pensamento recorrente que dizia "Não posso parar". A ideia era que, se eu parasse, o trabalho não prosperaria. Se eu parasse, a igreja não avançaria. Se eu parasse, o mestrado não seria concluído. Se eu parasse, não conseguiria sustentar a casa. Eu não poderia parar.

Então, eu seguia a vida do coelho de Alice no País das Maravilhas: sempre correndo, e sempre atrasado.

WORK HARD, PLAY HARD

Eu sei que não estou sozinho. Essa é a descrição de muitos de nós — desde donas de casa, passando por estudantes, até profissionais das mais diversas áreas. Nós achamos que não podemos parar.

Esse desequilíbrio no trabalho fez nascer, em nossa cultura, uma distorção imaginativa e prática que se traduziu no lema *"Work hard, play hard"* [Trabalhe intensamente, divirta-se intensamente]. Quem nos fala sobre isso é a psiquiatra Anna Lembke, no livro Nação dopamina:[4]

> Por outro lado, os trabalhos braçais estão cada vez mais mecanizados e desligados do significado do próprio trabalho. Trabalhar a serviço de beneficiários distantes traz uma limitação de autonomia, um modesto ganho financeiro e pouca sensação de um objetivo comum. O trabalho segmentado de linha de montagem fragmenta a sensação de realização e minimiza o contato com o consumidor do produto final, ambos básicos para uma motivação interna. O resultado é uma mentalidade "work hard, play hard", na qual o hiperconsumo compulsivo torna-se a recompensa no final de um dia de trabalho maçante.

---

[4] Anna Lembke, Nação dopamina (São Paulo: Vestígio, 2022), p.177 (edição eletrônica).

"Então, eu seguia a vida do coelho de Alice no País das Maravilhas: *sempre correndo, e sempre atrasado.*"

Assim, já que não cultivamos uma caminhada saudável, acreditamos que uma compensação exagerada de diversão pode ser o caminho para nossa vida intensa. Mas a vida nos extremos não tem estabilidade ou clareza.

Talvez você não saiba o momento de parar. Talvez você pense que não pode parar. Talvez você acredite que descansar é para os fracos. Talvez você já esteja apresentando os sintomas de um ritmo insustentável. Talvez já tenha sido abraçado pelo esgotamento.

Por isso precisamos voltar ao coração.

O CORAÇÃO DE UM WORKAHOLIC

Partimos da premissa de que nossa luta com a produtividade resulta do desalinhamento do nosso coração. Porque o nosso coração luta contra Deus, o resto de nossa vida experimenta desordens e desafios.

Por isso, é no coração que encontramos as raízes dos problemas do trabalho excessivo. É verdade que não podemos nos esquecer dos chefes e das empresas que demandam horas excessivas de trabalho, mas, cada vez mais, a escravidão ao trabalho é impulsionada a partir de dentro, e não de fora.

O que acontece no coração de um workaholic? Por que alguém trabalha sem se permitir usufruir períodos de descanso e folga? Por que nos sentimos culpados apenas diante da ideia de "não fazer nada" em algum momento? Existem diferentes respostas.

IDENTIDADES FRÁGEIS

A primeira resposta envolve um senso de identidade distorcido. Uma identidade firmada em terreno movediço — uma identidade frágil — é insuficiente para proporcionar firmeza a alguém. Por isso, é necessário compensar essa fragilidade por meio de obras que sirvam para a validação pessoal e o fortalecimento da identidade.

Em bom português: quando não estamos seguros de que somos amados e de que nosso valor está em Cristo, podemos usar o trabalho como nossa fonte de valor e significado.

Para mim, uma das experiências mais difíceis era adoecer. E, por causa do esgotamento, isso acontecia com frequência. Quando adoecia, eu me tornava rabugento e irritadiço. Em geral, quem estava mais perto — minha santa esposa — era quem sofria com isso.

Mas por que uma doença me deixava assim? Eu acreditava que meu valor estava em minha produtividade. Pensava que minha identidade dependia do volume produzido no dia. Por isso, andava inseguro, e qualquer prejuízo na produção era fonte de frustração e irritação.

Eu acreditava que minha identidade dependia da minha performance. Por isso, quando a doença afetava minha produtividade, algo além do meu corpo caía: a minha segurança.

Em alguns círculos, passamos a acreditar que a correria é um sinal de importância. Perguntamos uns aos outros: "Como está a vida?", e respondemos com certo ar de orgulho: "Está uma correria só". Embora a correria esteja nos matando, sentimo-nos orgulhosos de falar dela porque acreditamos que isso valida nossa

75

existência. Como diz Tim Challies: "De alguma maneira, acreditamos que o nosso valor está ligado a quanto estamos ocupados".[5]

O que não percebemos é que nenhuma base para nossa identidade é suficientemente firme, a não ser o próprio Cristo. Se buscarmos ancorar nossa existência em algo passageiro, como a nossa performance, viveremos inseguros. Se seu valor depender do seu trabalho, o que acontecerá se você sofrer um acidente e perder a capacidade de trabalhar? O que acontecerá se uma catástrofe global, como uma pandemia, afetar sua atividade? O que acontecerá quando você ficar doente?

Você se torna "sem valor". Torna-se um "nada". E começa a experimentar o peso da situação em que colocou a si mesmo. Muitos afundam em depressão porque colocaram sua identidade em algo pequeno e frágil demais para sustentá-la.

Por outro lado, se a sua identidade está em Cristo, nos seus dias mais produtivos você saberá que é amado por Deus; nos seus dias menos produtivos, você permanecerá seguro de sua condição. O trabalho passa a ser uma resposta ao Senhor, e não uma tentativa de buscar segurança e validação pessoal.

A LUTA POR CONTROLE

Um segundo aspecto do coração de um workaholic que merece ser abordado é a luta por controle.

Já mencionei que, em tempos passados, eu acreditava que não poderia parar, ou o mundo à minha volta iria ruir: "Se eu parar, a igreja não vai crescer"; "Se eu parar, a família ficará des-

---

[5] Tim Challies, Fazendo mais e melhor. (São José dos Campos, SP: Fiel, 2018), p. 23.

provida"; "Se eu parar, a casa ficará de cabeça pra baixo"; "Se eu parar, o casamento vai acabar"; "Se eu parar..."

Lembre-se, por um instante, do capítulo sobre o orgulho. Não é exatamente isso que está acontecendo aqui? Os workaholics acreditam que o mundo depende deles. Ou que, pelo menos, sua vida, sua família, seus relacionamentos e seu trabalho dependem deles. Esse é um caso nítido de alguém que se colocou no centro do seu mundo.

Entenda que nem sempre nós parecemos orgulhosos. Alguém pode ser movido pela correria, em ansiedade profunda, com medo de parar, pois, se isso acontecer, sua família não sobreviverá. Uma pessoa assim não parece orgulhosa. O medo e a ansiedade parecem apontar para o oposto do orgulho — ela não se posiciona como alguém superior, mas, sim, como inferior.

O orgulho, porém, nem sempre se manifesta como arrogância e soberba na diminuição do outro. Por vezes ele se apresenta apenas como a singela manifestação de quem acredita que tudo depende de si mesmo. No fim das contas, desejamos garantir ou controlar a própria vida. Queremos segurança, e acreditamos que a segurança pode ser atingida pela força do nosso braço. Se tão somente corrermos sem parar, poderemos garantir que as coisas funcionem minimamente do modo que esperamos. Mas, assim como o problema da identidade, temos de encarar a realidade e quebrar essa ilusão. Se acreditarmos que o controle está em nossas mãos, morreremos esgotados e frustrados.

Não temos o controle de nossa vida. Somos pequenos demais, frágeis demais e passageiros demais. A vida é como a neblina e nós somos como a flor da erva. Rapidamente aparece-

77

mos e rapidamente sumimos. Qualquer pretensão de grandeza e controle é um peso maior do que podemos suportar, além de ser simplesmente falso.

Você acha que controla algo? Então, responda a esta simples questão: como você está controlando os batimentos do seu coração agora mesmo? Se você não tem controle daquilo que é mais básico à sua sobrevivência, como poderá ter controle de qualquer outra coisa?

Neste ponto, alguns podem se preocupar, imaginando que esse discurso pode levar a uma espécie de niilismo ou a encorajar a preguiça. Afinal, "se não depende de nós, então por que nos esforçar?". A resposta simples para isso é que não trabalhamos para ter o controle, mas para responder aos chamados que Deus tem para nós.

Quando reconhecemos que o controle não está em nossas mãos, somos libertos da escravidão da correria e podemos servir com a motivação ajustada, concentrando-nos na glória de Deus, e não na garantia da nossa condição.

Por isso precisamos voltar à mentalidade bíblica para assimilar os ritmos da graça e as verdades sobre controle e garantia.

OS RITMOS DA GRAÇA

Deus tem algo a dizer sobre tempo, ritmo e rotina, e nós faríamos bem em escutá-lo. Ele falou primeiramente sobre isso, impregnando a realidade com uma estrutura própria.

Observe o mundo e você verá a fala de Deus sobre tempo, ritmo e rotina. Existe um padrão: o ciclo do dia, o ciclo da noite, o ciclo da semana, as estações do ano. O mundo revela a sabedoria de Deus sobre o tempo.

Mas, para além da observação geral, confira sua Bíblia e você perceberá algo mais. Logo na criação, depois de ter trabalhado por seis dias, o Senhor descansou no sétimo e o santificou. Ele não fez isso porque estava cansado — Deus não se cansa. Ele fez isso porque estava nos ensinando algo.

Isso se tornou mais claro quando vieram os Dez Mandamentos. O quarto mandamento nos diz:

> Lembra-te do dia de sábado, para o santificar. Seis dias trabalharás e farás toda a tua obra. Mas o sétimo dia é o sábado do Senhor, teu Deus; não farás nenhum trabalho, nem tu, nem o teu filho, nem a tua filha, nem o teu servo, nem a tua serva, nem o teu animal, nem o forasteiro das tuas portas para dentro; porque, em seis dias, fez o Senhor os céus e a terra, o mar e tudo o que neles há e, ao sétimo dia, descansou; por isso, o Senhor abençoou o dia de sábado e o santificou (Êx 20.8-11).

Há um comando direto do Senhor para que observemos o dia de sábado, ancorando-o no exemplo do próprio Deus. O sábado envolve dois princípios fundamentais: adoração e descanso. O dia foi santificado pelo Senhor e dedicado ao descanso.

Porque o nosso coração é enganoso, nós distorcemos a Lei do Senhor, fugindo daquilo que Deus propõe para nós. Com o tempo, o mandamento em relação ao sábado se transformou em ferramenta de manipulação e mero legalismo, a ponto de se "observar o sábado" enquanto se desprezava o Senhor do sábado (Lc 6.5).

O mandamento, porém, permanece. E, com ele, o que o Senhor pretende nos ensinar. Mas o que é isso?

O sábado é um princípio de vida. Esse princípio foi desdobrado em outras instituições de Deus para Israel, como o ano de descanso e o ano do Jubileu. Em Levítico 25, o ano de descanso é estabelecido. A terra deveria ser trabalhada por seis anos, mas o sétimo ano deveria ser um ano de descanso para ela — um sábado ao Senhor (Lv 25.4). Um pouco adiante, no mesmo capítulo, o ano de Jubileu é instaurado. O ciclo menor é o da semana — seis dias de trabalho e um de descanso. O ciclo médio é o do ano de descanso — seis anos de trabalho para um de descanso. E o ciclo maior é o do Jubileu — sete vezes sete anos para um de descanso total.

No ano do Jubileu haveria descanso amplo. A terra deveria descansar, as pessoas receberiam a oportunidade de recomeçar, recebendo de volta suas terras, e Deus sustentaria seu povo (Lv 25.19). Aqui, o princípio de vida estabelecido envolve a noção de que a realidade é estruturada em ciclos de trabalho e descanso, desgaste e recuperação.

O princípio nos ensina que a estrutura do mundo e os ritmos da vida são estabelecidos não segundo nossa agenda ou nossos interesses, mas segundo a palavra do nosso Deus. O princípio também nos ensina que nossa identidade não está em nosso trabalho, mas no trabalho do Senhor, que nos ama e sustenta.

Na história da redenção, tudo isso se torna ainda mais interessante. O sábado aponta para algo ainda maior: nosso descanso eterno em Deus. Por isso, a semana foi transformada pelo evangelho. Se, no Antigo Testamento, a lógica consistia em trabalhar seis dias na expectativa de entrar no descanso do sétimo, com a vinda de Jesus e de sua obra completa o descanso chegou.

Cristo ressuscitou no primeiro dia da semana (Jo 20.1), a adoração da igreja passou a ser nesse dia (At 20.7; 1Co 16.2), e agora nós entramos no descanso do Senhor pela fé (Hb 4.3). Por causa do nosso Salvador, a lógica foi invertida: em vez de trabalharmos seis dias na expectativa de entrar no descanso, começamos a semana desfrutando o descanso garantido pelo Senhor, e então somos fortalecidos para sair pelo mundo servindo nos seis dias seguintes.

Em outras palavras, você precisa aprender a descansar para aprender a produzir.

UM SALMO PARA OS ESGOTADOS

Um dos meus salmos preferidos é o 127. Por causa da minha ansiedade e do meu orgulho, das minhas lutas com as questões de identidade e significado, da minha luta por controle, a Palavra de Deus me humilha e me levanta. E eu acredito que fará isso com você também.

Os dois primeiros versículos são suficientes para nós:

> Se o Senhor não edificar a casa, em vão trabalham os que a edificam; se o Senhor não guardar a cidade, em vão vigia a sentinela. Inútil vos será levantar de madrugada, repousar tarde, comer o pão que penosamente granjeastes; aos seus amados ele o dá enquanto dormem (Sl 127:1-2).

Em resumo, a mensagem do salmo é: o mero esforço humano é inútil, mas a graça de Deus é suficiente para nós.

O Senhor nos fala daqueles que correm demais, confiando apenas na força do seu braço: buscam edificar casas, vigiar cidades, dormir tarde e acordar cedo. Essas pessoas jamais seriam chamadas de preguiçosas. Vivendo em nossa cultura, seriam celebradas como realizadoras, obsessivas, focadas e intensas.

Porém, o Senhor nos diz que seu esforço é inútil.

Nossa cultura ensina que, se perseguirmos obstinadamente nossos sonhos, poderemos alcançá-los. Talvez seja o primeiro milhão, a aprovação em um concurso, um carro ou uma casa. Se você trabalhar duro, conquistará. É dessa noção que surgem lemas como "trabalhe enquanto eles dormem".

Embora devamos louvar o trabalho duro, essa mensagem do protagonismo humano é uma manifestação expressa do orgulho e da busca por autonomia humana. É um exercício de futilidade, pois o mero esforço humano é inútil.

Lembra-se do que observamos um pouco acima? Nós não temos o controle nem mesmo de coisas mínimas, como, por exemplo, os batimentos do nosso coração. Portanto, como ousarmos acreditar que temos o controle da nossa vida?

O Senhor nos diz que o mero esforço humano por qualquer realização é insuficiente para a tarefa. Por outro lado, a graça é suficiente. Se eu tentar edificar a casa sozinho, será inútil. Mas, se a graça do Senhor estiver comigo, então a casa será edificada, e a cidade, guardada.

Grande parte de nossa angústia e de nosso esgotamento repousa no fato de que buscamos depender apenas da força do nosso braço. O peso existencial disso é maior do que conseguimos suportar — e, então, quebramos. Mas, quando somos humilhados pelo reconhecimento de nossas limitações, podemos ser levantados pela percepção da graça de Deus. É assim que Deus nos leva a uma das revelações mais chocantes. Gostamos de pensar que nosso

"O princípio nos ensina que a estrutura do mundo e os ritmos da vida são estabelecidos *não segundo nossa agenda ou nossos interesses*, mas segundo a *palavra do nosso Deus.*"

valor consiste em nossa produtividade e em nossas realizações. Mas vem o salmo e nos diz: "aos seus amados ele o dá enquanto dormem" (Sl 127.2). O que isso significa?

Quando dormimos, somos como vegetais. Não estamos gerando valor para o mundo. Não estamos movimentando o mercado. Não estamos cuidando da nossa casa, do nosso cônjuge ou dos nossos filhos. Não estamos sendo "úteis". E, nesse momento de total inutilidade, nós temos a garantia do amor e da provisão do Senhor: aos seus amados, ele o dá enquanto dormem.

FINALMENTE, O DESCANSO

Nossa correria é resultado de orgulho, identidade frágil e busca por controle. Corremos demais e andamos de menos porque pensamos que a vida depende de nós. Assumimos a postura de workaholics como uma defesa para nossa fragilidade. E estamos sentindo na pele os efeitos disso.

Mas vem a doce voz do Senhor dizendo: você pode descansar. Sou eu quem está garantindo o mundo. Sou eu que defino seu valor e sua identidade. Sou eu quem proverá para você e para sua família.

Vemos, então, o fardo da autonomia caindo dos nossos ombros, e nos revestimos da leveza da dependência. Somos amados. Somos cuidados. E então podemos fazer um grande exercício espiritual: tirar uma soneca.

1. Você se considera uma pessoa ocupada? Para quais tarefas, compromissos e pessoas você se considera indispensável? Especifique.

2. Em quais áreas da sua vida você se vê como o coelho de Alice ("sempre correndo e sempre atrasado")?

3. Atualmente, você se vê mais como uma pessoa que "não pode parar" ou que "já abraçou o esgotamento"? Justifique.

4. Quais respostas você costuma dar para as culpas que sente quando não está fazendo nada ou quando está esgotado pelas muitas atividades?

5. Quais textos bíblicos podem ajudar você a combater a mentira de que o seu valor está atrelado ao quanto produz? Selecione um deles para orar e declarar ao Senhor que sua segurança pessoal está nele e não na sua produtividade. Registre a seguir.

DESCANSO PARA OS VICIADOS EM TRABALHO (WORKAHOLICS)

ANOTAÇÕES

4
A CILADA DA PROCRASTINAÇÃO

Quanto tempo leva para trocar uma lâmpada? Depende do coração de quem tem a tarefa sob sua responsabilidade.

Para um homem comum, a tarefa pode ser cumprida em poucos minutos, retirando a lâmpada defeituosa e colocando a nova lâmpada. Mas o mesmo homem comum pode levar semanas, até meses, para ir ao mercado, comprar uma lâmpada, separar um tempo, pegar uma escada e, finalmente, efetuar a troca.

Do outro lado da casa, a esposa chora no banho.

Enquanto esses passos não são dados, ele se ocupa de diversas outras tarefas — algumas importantes, outras menos — e segue fugindo de sua responsabilidade, ora se culpando, ora se justificando.

Seis meses para trocar uma lâmpada parece um prazo razoável para você?

TODOS NÓS PROCRASTINAMOS

A procrastinação pode ser definida como a fuga ou o adiamento de tarefas que estão sob nossa responsabilidade, normalmente por meio da realização de outras tarefas e atividades — especialmente envolvendo distração ou entretenimento.

Todos fazemos isso. A procrastinação sempre esteve presente na história humana, pois, desde a Queda, os homens fogem de suas responsabilidades. Porém, o instrumento pelo qual a fuga acontece varia de geração em geração.

Hoje, vivemos a era da informação e do entretenimento. Para tornar tudo ainda mais intenso, essa imensa quantidade de informações e entretenimentos cabe na palma de nossas mãos, em um dispositivo multitarefas que apelidamos de smartphone — um telefone "esperto" ou "inteligente". Curiosamente, o telefone "burro" nos ajudava a ser mais inteligentes e proativos em nossas responsabilidades.

A LUTA COM OS CHAMADOS DE DEUS

A história da procrastinação está conectada à história da redenção. Gênesis 1 e 2 revelam que o homem no mundo de Deus desenvolvia seus chamados com fluidez. Isso não significa, contudo, que tudo que o homem fazia era fácil; significa, sim, que a criação respondia ao domínio do homem.

Adão recebeu a tarefa de dar nome aos animais e, aparentemente, eles respondiam à liderança de Adão com docilidade. Adão foi colocado no jardim para o "cultivar e guardar", e aparentemente, enquanto Adão trabalhava a terra, ela respondia ao trabalho dele com fluidez e naturalidade.

E então o pecado entrou no mundo.

O homem quebrou a aliança, desejando ser igual a Deus. Comeu do fruto proibido e passou a experimentar as consequências disso. Deus lança as maldições em Gênesis 3, envolvendo dificuldades no cumprimento do seu chamado. As mulheres teriam dificuldade e dores no parto; os homens, no trabalho da terra, pois ela produziria cardos e abrolhos. Agora o homem teria de suar para conseguir o pão.

O encontro da resistência no fluxo do nosso trabalho deu ocasião à procrastinação. Isso acontece porque nos tornamos pessoas autocentradas (lembra-se do capítulo sobre orgulho?), e focalizadas em nosso prazer e gratificação imediatos.

Os trabalhos mais valiosos demandarão esforço e paciência — coisas que não gostamos de exercitar. Desse modo, para evitar a fadiga, procuramos pequenas distrações ou tarefas adicionais que nos desviem daquilo que precisa ser feito.

UMA PROMESSA FALSA

Costumamos procrastinar confiando em uma promessa: "em vez de gastar tempo e energia em algo difícil, aproveite uma atividade que traga recompensa imediata e você se sentirá descansado e feliz".

Quem não gostaria que isso fosse realidade? Confiando na promessa, em vez de arrumar a casa, abrimos o WhatsApp para conversar amenidades; em vez de estudar para o ENEM, abrimos o TikTok para conferir novas trends; em vez de prepararmos aquele relatório difícil o ou sermão que deve ser pregado, abrimos o portal de notícias para nos atualizar sobre o mundo.

Em um primeiro momento, a recompensa aparece. Ficar rolando indefinidamente sua timeline trará alguma dose de dopamina. Envolver-se em conversas intermináveis no WhatsApp poderá fazê-lo sorrir das frivolidades e explorar as novas figurinhas que você sonhava em usar. Clicar em matéria após matéria do portal de notícias trará a sensação de que você é um ser humano responsável, que acompanha o que acontece em seu país.

Mas isso é tudo que a procrastinação pode oferecer. A promessa de realização não pode ser cumprida. E, após a efêmera felicidade, vem o peso.

OS RESULTADOS DA PROCRASTINAÇÃO

A procrastinação vende a falsa noção de que você está se livrando de um peso. Ela promete que você encontrará uma atividade leve, que trará prazer e o livrará do tedioso e cansativo trabalho que tem de realizar. Ela promete distração, alívio e descanso rápido e barato.

Mas o que é vendido como prazer e descanso é ilusório.

O que acontece realmente como resultado da procrastinação é que você não descansou nem produziu. Não descansou porque a mera distração não é descanso. Continuar com a estimulação mental por meio de redes sociais ou portais de notícias não é descansar. Até mesmo a "procrastinação produtiva", em que você decide realizar tarefas menores em vez de cumprir sua responsabilidade principal, aponta claramente para o fato de que não se trata de descanso real. Se não houve descanso, não houve propriamente uma recarga de energia e ânimo.

"Por isso, o resultado da procrastinação é a *mistura de cansaço com ressaca moral* — a culpa por não termos atendido ao nosso chamado."

Ao mesmo tempo, não houve realização. Gastamos nosso tempo e nossa energia em trivialidades, e agora estamos mais cansados e sem qualquer senso de realização. Por isso, o resultado da procrastinação é a mistura de cansaço com ressaca moral — a culpa por não termos atendido ao nosso chamado.

Em muitos casos, teremos criado uma péssima circunstância, e a pressão da urgência nos fará voltar à nossa responsabilidade com níveis altos de estresse e tensão emocional, que poderiam ter sido evitados por completo.

Desse modo, o buraco que criamos para nós mesmos é fundo.

AS CAUSAS DA PROCRASTINAÇÃO

O buraco é mais fundo do que imaginamos. É hora de olharmos para o coração e percebermos o que está envolvido nas profundezas da alma quando escolhemos mexer no celular em vez de lavar a louça ou estudar para a prova.

Por que procrastinamos? Por que fugimos das nossas responsabilidades, ou do trabalho difícil?

Há muitas respostas a essas questões. Certamente, no âmbito externo, problemas de organização e metodologia tornam mais difícil o cumprimento de nosso chamado. Quando não há clareza, sentimo-nos perdidos e confusos, e não temos foco. E, quando não há um foco definido, transitamos entre tarefas e distrações sem direção. Mas falaremos sobre clareza e foco posteriormente. Existe algo ainda mais profundo que nos move para a fuga de nossas responsabilidades. Para os propósitos deste livro, basta mencionar três causas da procrastinação: preguiça, perfeccionismo e ira.

ELOGIO DO ZÉ CARIOCA

Cresci lendo os quadrinhos da Disney. Em minha casa, havia coleções inteiras com as revistinhas de Tio Patinhas, Pato Donald, Mickey e Pateta e... Zé Carioca. O personagem de destaque da Disney que tinha nacionalidade brasileira apresentava um traço de caráter peculiar: ele era preguiçoso e odiava trabalhar.

Mas, antes que alguém tente "cancelar" Walt Disney por essa razão, temos de lembrar que, em nossa cultura, Ed Motta já cantava: "*Eu não nasci pro trabalho/ Eu não nasci pra sofrer",* e que nessa época circulava um comercial que descrevia algo do ethos brasileiro: a lei de Gérson. Para os mais antigos, a lei de Gérson resume a postura de querer levar vantagem em tudo. Some a isso um último aspecto próprio da nossa cultura — o jeitinho brasileiro — e você terá o cenário perfeito para o cultivo da preguiça.

Por que procrastinamos? Em parte, por causa da preguiça. Mas o que a preguiça tem a ver com nosso coração? A preguiça não é somente a indisposição para o trabalho; é a priorização do conforto pessoal imediato em detrimento do serviço. É a negação do chamado em nome da autopreservação. É a fuga das responsabilidades e a busca por facilidade.

Lembre-se do capítulo sobre orgulho. Preguiça é colocar-se em primeiro lugar — no centro da suas relações — e agir a partir disso. Preguiça é a manifestação concreta do egoísmo. Deus nos chamou para servir ao próximo, mas nós preferimos servir a nós mesmos com algum entretenimento em vez de trabalho.

Existe uma diferença entre preguiça e cansaço. Alguém pode não ter energia para desempenhar determinada tarefa como resultado do desgaste de outras tarefas. Alguém pode adiar uma responsabilidade porque cumpriu outras responsabilidades, e isso tomou seu tempo e sua energia. Isso não é procrastinação; é organização. A procrastinação que resulta da preguiça é o movimento de fugir das responsabilidades.

Mas nem tudo é preguiça. Curiosamente, até mesmo aqueles que estão dispostos a trabalhar podem procrastinar. Como isso é possível? Basta cultivarmos um desvio no coração que transforme cada atividade em um peso insuportável. É o que acontece no perfeccionismo.

COMO SE COMEÇA UM TRABALHO PERFEITO?

O perfeccionista luta pelo controle total dos meios e resultados de sua ação. Ele tem um padrão de excelência no serviço, mas esse padrão foi elevado a uma condição impossível de ser atingida.

Uma dona de casa deseja ter sua casa limpa. Em seu perfeccionismo, ela não admite que nenhum canto tenha algo fora do lugar, não aceita que um copo tenha uma impressão digital ou que uma folha de árvore no quintal esteja caída no chão. Como resultado, seu trabalho apresenta traços obsessivos, e suas energias são despendidas de forma desproporcional. Com o tempo, o desgaste se tornou tão intenso, e cada tarefa se tornou tão pesada, que ela teme começar, pois sabe que não conseguirá concluir. Para aumentar a tensão, as folhas das árvores teimam em cair, o marido e os filhos deixam as coisas fora do lugar e ela nunca tem a situação totalmente sob controle, o que a deixa profundamente frustrada. Assim, quando chega a hora de arrumar a casa, ela busca pequenas distrações que a protejam do peso insustentável das tarefas perfeitas.

Perfeccionismo é a tentativa de se sentar no trono de Deus e garantir o controle de todas as variáveis da vida. Como somos criaturas, e não o Criador, esse é um peso insuportável sobre os nossos ombros. Então, gastamos uma energia desproporcional em cada tarefa, até o ponto no qual fugiremos da realização dessas tarefas para sobreviver.

Por isso os estudantes perfeccionistas evitam estudar; os professores perfeccionistas evitam preparar suas aulas; e os pais perfeccionistas vão empurrando com a barriga a criação de seus filhos.

O pastor Francis Schaeffer tinha uma máxima sobre relacionamentos que se aplica perfeitamente à produtividade: "Se você exigir perfeição ou nada, ficará com nada".[6]

O perfeccionismo mata a produtividade e, com o tempo, nos leva à procrastinação.

DO MEU JEITO OU NADA FEITO

Uma terceira causa da procrastinação é a ira. É inusitado pensar que uma emoção assim afetaria nossa produtividade, mas isso é mais comum do que você imagina. Isso acontecia bastante comi-

---

[6] Essa máxima é trabalhada por Francis Schaeffer de formas diferentes, como nos livros a seguir: Não há gente sem importância. (São Paulo: Cultura Cristã, 2009), p.46: "Se exigirmos, em qualquer de nossos relacionamentos, ou perfeição ou nada, nós receberemos o nada"; Verdadeira espiritualidade. (São Paulo: Cultura Cristã, 1999), p.171: "(...) deste lado da queda, e antes de Cristo voltar, não podemos insistir na 'perfeição ou nada', porque acabaremos com o 'nada'."

go. Eu planejava o dia perfeito (olá, perfeccionismo!), traçando o plano do dia e os horários para a realização de cada tarefa. O desenho do dia estava montado — e era lindo. Na minha mente, tudo estava bem encaixado e eu terminaria o dia com um grande senso de realização (e validação pessoal).

Então, eu começava a trabalhar. As primeiras tarefas funcionavam bem e eu seguia ganhando ritmo. Mas, justamente na hora das melhores tarefas, surgia um imprevisto. Às vezes, a ligação de alguém precisando de ajuda; outras vezes, a queda de energia, desligando o computador; outras vezes ainda, uma demanda inesperada da parte do pastor efetivo da igreja (meu chefe), e todo o sonho ia por água abaixo.

É aqui que a coisa fica interessante: meu planejamento frustrado me deixava tão irritado que havia um desgaste intenso de energia. Após resolver o problema inesperado, eu estava ardendo em ira, e já não tinha mais muita capacidade de concentração, nem disposição de seguir um dia que não sairia mais do jeito que eu havia planejado.

Em minha ira, eu deixava as responsabilidades de lado e agora me entregava a distrações diversas: "Já que o dia não vai dar certo mesmo, tanto faz o que vou escolher fazer agora". É claro que o celular e as redes sociais eram sempre a opção mais rápida e mais fácil a ser buscada no momento da ira.

Assim como o perfeccionista, o irado deseja ter o controle. Deseja ser Criador, e não criatura. E, como o verdadeiro Criador não deixa o trono, ficamos frustrados. A ira consome a energia e nos move para a procrastinação. Pensamos que a coisa deve ser do nosso jeito, ou nada feito. Em vez de cultivarmos o contentamento

"Assim como o perfeccionista, o irado *deseja ter o controle*. Deseja ser Criador, e não criatura. E, como o verdadeiro Criador não deixa o trono, ficamos frustrados. A ira consome a energia e *nos move para a procrastinação*."

e a submissão, em vez de orarmos "venha o teu reino; seja feita a tua vontade", ficamos irados porque nossa vontade não foi feita e, então, desistimos por completo das nossas responsabilidades — pelo menos por algum tempo.

Estamos lutando contra Deus. E, como perdemos, um joguinho no celular talvez possa nos distrair dessa derrota.

O VERDADEIRO DESCANSO, A VERDADEIRA PAZ

Preguiça, perfeccionismo e ira nos desviam do foco. Fazem-nos fugir das responsabilidades e buscar pequenas distrações que acalmem nosso coração cansado e agitado. Mas o descanso nunca vem pela procrastinação. Ao fugirmos das responsabilidades nas distrações, nem descansamos de verdade, nem produzimos. O resultado é o acúmulo de tarefas atrasadas e um senso de culpa crescente. O desgaste somente aumentou.

O verdadeiro descanso está em alinharmos o coração diante de Deus. Nossa ira pecaminosa pode ser vencida quando nos rendemos e oramos "seja feita a tua vontade". Nosso perfeccionismo pode ser vencido quando abraçamos nossa condição de criaturas imperfeitas. E nossa preguiça pode ser vencida quando lembramos que fomos chamados para amar ao próximo como a nós mesmos.

E podemos fazer tudo isso porque nosso Salvador abraçou seu chamado sem distrações ou fugas. Porque ele recebeu a ira do Pai sobre si. Porque ele fez o trabalho perfeito em nosso lugar.

Agora, sim, podemos produzir com responsabilidade, e descansar de verdade.

1. Você concorda com a definição de procrastinação dada neste capítulo? De acordo com ela, você se definiria como "procrastinador"?

2. Você concorda com a motivação dada pelo autor sobre o porquê de procrastinarmos? Explique.

3. Quais são as distrações ou tarefas adicionais às quais você recorre para se desviar daquilo que realmente precisa fazer? O que elas revelam sobre o seu coração? Quais promessas (falsas) elas lhe fazem?

4. Com qual tipo de egoísmo você mais se identifica: preguiça, perfeccionismo ou ira? Por quê?

5. Faça uma oração confessando o seu pecado e clamando para que a vontade do Senhor seja feita em sua vida, de modo que você desfrute o descanso que o Senhor dá e produza a partir disso. Registre a seguir.

ANOTAÇÕES

5
DISCIPLINA (NÃO) É SÓ PARA MILITARES

Todo início de ano é a mesma coisa. Por alguma razão, passamos a esperar coisas novas e diferentes, ainda que não haja nenhum sinal direto de mudança. Reunimos essa energia, pensamos em alguns desejos e, na base do otimismo, acreditamos que tudo fluirá.

Para os cristãos, a resolução clássica é: "Este ano vou ler a Bíblia toda". E é assim que Gênesis se torna o livro mais iniciado de todos os tempos e o menos concluído. Na primeira semana do ano, sentimo-nos empolgados e conseguimos caminhar na leitura. Na segunda semana, a vida começa a "voltar ao normal" e, assim, falhamos na leitura em alguns dias. Na terceira semana, já nos damos conta de que há um descompasso entre nossas expectativas e a realidade, e muitos de nós já desistem por ali mesmo.

"Eu não consigo ler a Bíblia e orar todos os dias", já ouvi algumas vezes. "Eu sempre começo, mas não consigo manter a constância."

Eu entendo. Disciplina não é exatamente nosso ponto forte.

OS MILITARES E A DISCIPLINA

Talvez se fôssemos militares, a coisa seria diferente. Eles são disciplinados. Têm horários a cumprir, regras a obedecer, padrões a serem mantidos. Existe uma forma própria de arrumar a cama, alinhar o uniforme, cumprir as atividades demandadas. A fama é tão grande que colégios militares foram propostos como instrumentos para restaurar cenários de muita baderna, indisciplina e desordem.

Se fôssemos militares, seria mais fácil — alguns podem pensar. Mas um militar não nasce assim. Ele é forjado.

Aqui, então, retomamos o debate sobre natureza e cultura. Assim como no tópico da procrastinação, na indisciplina também precisamos perceber que nosso problema é tanto cultural como natural. E trataremos primeiro da dimensão cultural, porque a natural nos levará a considerar o coração na sequência.

UMA CULTURA INDISCIPLINADA

Nem mesmo os militares ficam livres. Os mais antigos talvez se lembrem do personagem Recruta Zero — um militar preguiçoso e indisciplinado. Os quadrinhos do Recruta Zero foram criados no cenário norte-americano, mas caberiam bem em terras brasileiras.

Como já vimos, o Zé Carioca, a lei de Gérson e o jeitinho brasileiro dão o tom da cultura nacional. É claro que isso não representa a totalidade do Brasil — há muita gente trabalhadora e disciplinada em nosso país —, mas as caricaturas apenas exageram os traços reais.

Nesse contexto, preguiça e indisciplina andam juntas. Como privilegiamos o improviso no lugar do planejamento, e a inspiração no lugar da transpiração, somos mais propensos a depender do humor do momento e, assim, temos uma caminhada inconstante — em um dia, estamos no clima de ler um livro da Bíblia inteiro e, nas três semanas seguintes, estamos cansados e atarefados demais.

Sem perceber, passamos a ser escravos do humor do dia. Algumas vezes, justificamos a inércia com alguma aparência de piedade — "Eu não vou orar hoje porque não estou no clima; isso seria hipocrisia para com Deus" —, mas a realidade é que somos guiados por nossas emoções, permitindo que elas conduzam nossas vidas. Vivemos pelo "sentir", e não pela fé.

A cultura global também nos encaminha nessa direção. Embora existam outros países cujo ethos é voltado para a vida organizada e disciplinada, o avanço da tecnologia nos estimula a abraçar a lei do menor esforço.

Não me entenda mal; eu amo as facilidades tecnológicas e uso muitas delas — inclusive agora, ao escrever este capítulo. Mas, se é verdade que tempos difíceis criam homens fortes, enquanto tempos fáceis criam homens fracos, a comodidade da tecnologia contribuiu para nossa fraqueza em termos de disciplina.

Pense no exemplo das compras. Embora comprar possa ter algo conectado ao prazer, a atividade de fazer compras no mercado, por exemplo, sempre esteve conectada a alguma dose de esforço e abnegação. Era necessário separar tempo, criar coragem, vencer o comodismo e seguir para essa tarefa entediante. Para muitos, ainda é assim que funciona. Mas, então, chegaram os canais digitais de compras — e tudo ficou rápido, fácil e indolor. Sites como a Amazon foram além e desenvolveram tecnologia para criar um botão chamado "comprar com um clique", diminuindo até mesmo a "dificuldade" de clicar em mais de um botão para comprar. Por um lado, isso é maravilhoso. Em cinco minutos ou menos, você resolve o problema da falta de papel higiênico em casa sem precisar se vestir e encarar o trânsito e as filas. Por outro lado, o que isso fez conosco? Tornou-nos menos dispostos a suportar o desconforto e, no longo prazo, tem enfraquecido nossa vontade e sabotado a capacidade de esforço e disciplina para lidar com tarefas que pareçam entediantes ou difíceis.

Bem-vindo ao século 21, no qual toda a facilidade se transformou em armadilha.

UM CORAÇÃO INDISCIPLINADO

Se a cultura nos estimula à indisciplina, nós só pegamos a isca porque há algo dentro de nós propenso a isso. Não precisamos exatamente das facilidades da tecnologia ou do jeitinho brasileiro para sermos convencidos de seguir o caminho do menor esforço. É possível que essas estruturas culturais existam porque primeiro, em nosso coração, a disposição para a indisciplina é a norma. Mas o que está envolvido nessa dinâmica?

Se você notou o padrão, perceberá que tudo começa com o orgulho. Nós buscamos ocupar o centro do mundo, de modo que tudo deve girar em torno de nós. Se estamos no centro, é nossa vontade, nosso conforto e bem-estar, nosso humor do momento e nossas expectativas que devem ser atendidos.

Não é possível, porém, ir muito longe com isso. Da raiz do orgulho, brota o apego aos apetites sensuais. A Escritura nos adverte, repetidas vezes, contra as "paixões" e, sob essa nomenclatura, encontram-se os vícios e apetites de uma alma faminta por prazeres fáceis.

A metáfora da comida é adequada. Eu amo o que é conhecido como fast-food. Gosto de pedir algo e receber rapidamente. Gosto dos condimentos, que realçam o sabor, dos molhos etc. É rápido, fácil e gostoso. Mas "fast-food", em muitos contextos, é "junk-food". Talvez na juventude os efeitos sejam pouco sentidos, mas, quando a idade vai chegando, comer aquele sanduíche depois das nove da noite pode significar uma noite maldormida. E, ainda que os efeitos não sejam bem percebidos, há impacto sobre o corpo: a inflamação pode ser sutil, mas é real.

O prazer rápido e fácil de um sanduíche ou de batatas chips traz consigo os efeitos nocivos para o corpo. De modo semelhante, os prazeres fáceis dos apetites sensuais trazem efeitos destrutivos para a alma.

A indisciplina está ligada à fraqueza de vontade e à busca por prazeres fáceis. De certa forma, é estranho pensar sobre isso. Acaso não estaríamos fazendo uma tempestade em copo d'água? Afinal de contas, trata-se apenas de eu não conseguir manter a disciplina para uma dieta, ou para tomar meus remédios, ou para fazer atividade física, ou ainda para fazer meu devocional. Não parece haver um grande significado por trás de um pequeno gesto de desleixo ou indisciplina. Mas é exatamente aí que mora o perigo.

Quando observamos as raízes da indisciplina no apego aos prazeres fáceis e aos apetites imediatos, percebemos que não apenas o significado do problema é maior do que imaginamos, mas também que começamos a notar que o mal não é estático, mas progressivo.

"Um abismo chama outro abismo", diz a Escritura (Sl 42.7). E o que é apenas a descrição do sofrimento do salmista pode servir como uma máxima dos vícios em nosso coração. A indisciplina é o reflexo de um coração autocentrado e apegado aos prazeres fáceis, mas também é um caminho para afundarmos na autoindulgência e no descontrole em relação aos apetites sensuais.

É possível haver uma expressão localizada de indisciplina. Gustavo é um trabalhador dedicado, mas, fora do contexto de serviço, é um glutão descontrolado. Marília é muito controlada em sua alimentação, mas não consegue se controlar em seus impulsos consumistas.

A expressão localizada, no entanto, cederá com o tempo. A falta de domínio próprio em uma área tenderá a atingir outras áreas, porque o problema não é a área específica, mas o coração. É assim que os indisciplinados se tornam glutões, consumistas e praticantes descontrolados de atividade física, cedendo facilmente a outros apetites sensuais, como a pornografia e a promiscuidade sexual. Como nos diz John Henderson:

"A indisciplina é o reflexo de um coração autocentrado e apegado aos *prazeres fáceis*, mas também é um caminho para afundarmos na autoindulgência e no descontrole em relação aos apetites sensuais."

> "Se usarmos comida, bebida, mídia e outras coisas criadas como meios para servir a carne, então estabeleceremos condições sob as quais a pornografia prosperará".[7]

Você consegue ver o tamanho do problema? Não se limita ao fato de você não conseguir manter a dieta. É que a indisciplina é um buraco negro que nos atrai para doses cada vez maiores de autoindulgência e descontrole, impelindo-nos a deixar de lado nossas responsabilidades e viver em função de nossos prazeres.

SEM ESPERA E SEM ESPERANÇA

Pessoas indisciplinadas se entregam a prazeres imediatos e fáceis porque não desejam esperar. Em nossa cultura, a ideia de gratificação adiada é uma blasfêmia. É-nos prometida a recompensa rápida, e nós somos apresentados a uma visão de mundo em que a boa vida consiste em desfrutarmos agora os prazeres. Isso não passa da velha máxima "comamos e bebamos, porque amanhã morreremos". Na linguagem contemporânea, isso ganha outras expressões, como, por exemplo, "só se vive uma vida", ou "a vida é curta demais", ou ainda "aproveite o dia (carpe diem)".

Essas expressões anunciam que não podemos esperar para aproveitar. Elas moldam nosso coração e nossa imaginação para concebermos um mundo no qual nosso desfrute precisa ser imediato ou rápido; de outro modo, estaríamos desperdiçando

---

[7] Tradução livre: If we use food, drink, media, and other created things as means to serve the flesh, then we establish conditions under which pornography thrives. Henderson, John. The pornography ecosystem. In: KELL, Garrett; ROBINSON, C. Jeffrey. Porn and the pastor. Louisville, KY: SBTS Press, p.40.

a vida. Por essa razão, é altamente contracultural pensar que a gratificação pode vir após anos de semeadura.

O clamor do jovem contemporâneo é: "Eu desejo a realização profissional agora". O desejo do casal contemporâneo é: "Eu desejo a realização emocional agora". O desejo dos homens e mulheres do nosso tempo é a gratificação imediata. Se não estivermos "ganhando a vida", isso significa que ela está escorrendo por nossas mãos. Esquecemos, contudo, que "quem quiser ganhar a vida perdê-la-á", e que as coisas realmente importantes demandam tempo e trabalho. Não temos tempo, e não queremos ter muito trabalho.

A dificuldade na espera reflete a perda da esperança. "Comamos e bebamos, porque amanhã morreremos", esse é um lema terrível, pois reflete não haver esperança para o amanhã. Tudo se perderá, nós ficaremos sem nada e o vazio nos aguarda. Portanto, a única vida possível é aquela centrada em autogratificação aqui e agora.

A perda da esperança nos deixa vazios e desolados. Temerosos e ansiosos. Compulsivos e descontrolados.

Você pensava que era apenas um problema de "não conseguir manter a constância na academia", e agora percebe que isso pode revelar a falta de esperança em seu coração.

Há esperança para os indisciplinados?

O RESGATE DA DISCIPLINA

Deus é bom para Israel. Apesar de sermos autocentrados, de nos apegarmos aos prazeres fáceis, de sermos impacientes e de perdermos a esperança no Senhor e em sua Palavra, ele nos guia para o realinhamento da vida.

Tudo começa com Cristo, que cumpriu toda a justiça em nosso lugar. Ele foi perfeitamente disciplinado porque nós não somos. Ele negou seu conforto imediato para nossa redenção, e caminhou, pacientemente, debaixo de provação, suportando até mesmo a morte de cruz, para que fôssemos redimidos. Ele guardou a esperança e cumpriu, de forma responsável, sua missão em nosso favor. Porque Jesus foi verdadeiramente produtivo, eu e você somos salvos.

A partir da obra de Cristo, o Espírito Santo age no cumprimento de sua missão. Ele nos regenera e aplica sobre nós as bênçãos conquistadas por Jesus. Ele transforma nosso coração e nos liberta da escravidão do pecado e dos apetites imediatos, dando-nos graça e força para uma vida disciplinada.

Ele restaura em nós a esperança e nos habilita para a espera, contemplando as promessas de Deus e as recompensas celestiais, concedidas por pura misericórdia e graça do Senhor. Então, com o coração transformado pelo nosso Deus, podemos nos exercitar na piedade. Agora recebemos o fruto do Espírito, que envolve domínio próprio, e podemos exercitá-lo nas escolhas diárias.

Não é sábio sair de 0 para 100. É preciso ir do 0 para o 1, depois para o 2, até avançarmos e ocuparmos posições mais elevadas. Por isso, quem tem dificuldade para a consistência nas disciplinas espirituais não deveria sair do 0 para 1 hora diária de devocional. É mais razoável começar com um período menor — falaremos disso mais adiante.

Mas aqui o coração encontra alinhamento. Ganhar a vida é perdê-la. O que é importante demanda esforço e espera. Nós temos esperança para o amanhã. Não pertencemos a nós mesmos. E a graça nos assiste em nossas dificuldades.

A indisciplina é o reflexo de uma vida sem estrutura. O evangelho providencia a estrutura para uma vida consistente.

DISCIPLINA (NÃO) É SÓ PARA MILITARES

1. De que maneiras você luta com a disciplina?

_____
_____
_____

2. O autor dá o exemplo das facilidades tecnológicas, como as compras feitas "em um clique", para ilustrar uma das maneiras pelas quais a cultura pode estimular a nossa indisciplina. Quais outros exemplos você poderia citar?

_____
_____
_____

3. Você concorda com a conclusão do autor de que por trás de uma "pequena indisciplina" há uma raiz que aponta para a sensualidade do nosso coração? Como você fundamentaria isso à luz da Bíblia?

_____
_____
_____

4. Você consegue reconhecer como a indisciplina em uma área da sua vida (pessoal, espiritual, relacional, vocacional, missional) se reflete em outras?

_____
_____
_____
_____

5. Quais textos bíblicos podem pregar para o seu coração a verdade de que Deus restaura a nossa esperança e nos habilita para a espera? Quais promessas de Deus você pode citar para que seu coração se lembre da graça do Senhor, a qual pode lhe dar força para uma vida disciplinada?

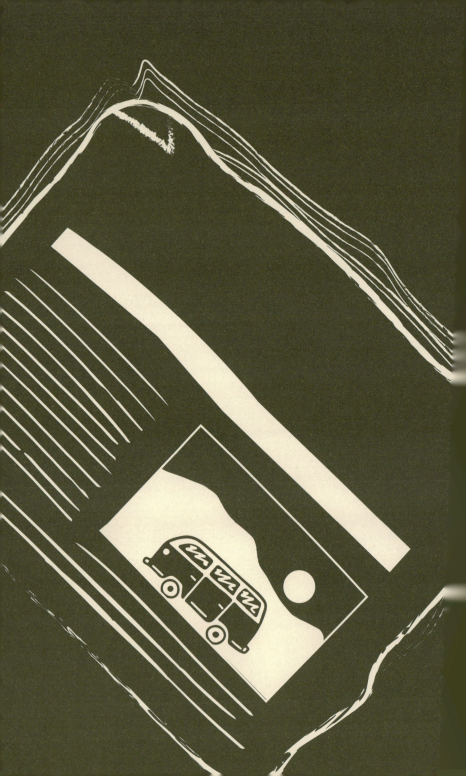

PARTE 2
REDIMINDO A LISTA DE TAREFAS

6
DO QUE EU PRECISO PARA SER PRODUTIVO?

Na caminhada cristã, muitas vezes somos bons em lidar com "o quê" ou "o porquê", mas nem sempre lidamos bem com "o como".

Chegamos à segunda parte deste livro. No primeiro bloco, caminhamos pelos aspectos mais profundos e determinantes de nossa produtividade: o coração e suas nuances. A esta altura, já deve estar mais claro para você que as lutas que travamos com a procrastinação, a indisciplina, o esgotamento, a falta de foco, o vício em trabalho e a irritação ou a ansiedade que paralisam são mais do que mera trivialidades de quem não se organiza ou não dispõe de um bom método de produtividade. O coração é o foco primeiro.

Porém, o coração não é tudo o que deve ser levado em consideração. A produtividade implica responder aos chamados de Deus para nossa vida, é parte de nossa santificação, um fenômeno espiritual. Mas, por ter todos esses traços, somos tentados a abraçar uma visão dualista, localizando a produtividade em um dos polos.

PRODUTIVIDADE DUALISTA

Autores como Herman Dooyeweerd e Francis Schaeffer sugeriram que, na história do pensamento e da cultura ao longo dos séculos, a humanidade lida com a realidade de forma truncada, incompleta, ou seja, dualista.[8] Isso acontece porque o homem resiste à Palavra de Deus. Resistindo ao que Deus diz sobre o mundo, o homem busca encontrar seu lugar. No entanto, esse lugar será buscado a partir de uma percepção incompleta e de uma relação tensa, normalmente experimentando um de dois polos.

No período medieval, por exemplo, eles nos dizem que havia um dualismo proeminente: a divisão entre natureza e graça. Isso significava que havia as coisas "espirituais", do reino da graça, completamente descoladas das coisas "naturais", do reino da natureza. Por essa razão, a atenção da igreja estava voltada a esse conjunto de expressões, em detrimento da natureza. Um exemplo típico são as pinturas do período — excessivamente focalizadas em temas bíblicos e desprovidas de preocupação com alguns detalhes, como, por exemplo, o ambiente das cenas (a natureza).

---

8 Confira os livros Herman Dooyeweerd. Raízes da cultura ocidental. (São Paulo: Cultura Cristã, 2015) e Francis Schaeffer. A morte da razão. (Viçosa, MG: Ultimato, 2023).

Nancy Pearcey[9], que aprendeu com Francis Schaeffer, demonstrou que nós mantemos alguns aspectos desse dualismo, dividindo a realidade em uma parte secular e uma parte sagrada. O impacto desse aspecto sobre a produtividade é amplo. Podemos habitar um dos polos. Por um lado, podemos considerar os estudos, o trabalho e as vocações algo meramente "secular", algo que está separado do Senhor e das coisas espirituais. Por isso, podemos buscar soluções desvinculadas do nosso coração e do contexto de adoração ao Deus verdadeiro.

O outro lado também existe. Por gastarmos tempo falando sobre o coração e a resposta a Deus, podemos chegar à conclusão de que tudo o que precisamos para crescer em produtividade é a sondagem do coração na presença de Deus. Ser produtivo seria algo do campo sagrado, desvinculado do ambiente secular.

UMA VISÃO INTEGRADA

Graças a Deus, a visão bíblica de mundo não é fragmentada. Não precisamos experimentar a realidade de forma tensionada, nem ter de escolher entre um polo e outro. A visão bíblica de mundo dá conta de toda a realidade e percebe tudo que está submetido a Deus. Por isso, não precisamos escolher se vamos olhar para a produtividade do ponto de vista sagrado ou secular — a visão bíblica nos guiará na consideração tanto dos aspectos explicitamente religiosos quanto daqueles que não parecem tão religiosos assim.

---

9   Nancy Pearcey. Verdade Absoluta. (Rio de Janeiro: CPAD, 2006). Confira, especialmente, o capítulo 1.

Na prática, o que isso significa? Significa que, para crescer em produtividade, não basta sondar o coração e orar. Precisamos sondar o coração, orar e desenvolver inteligência prática. Precisamos pensar nos métodos, técnicas e recursos. Precisamos usar as ferramentas que foram desenvolvidas por homens criativos para nos ajudar a organizar nosso coração, nossa mente, nosso tempo, nossa atenção e nossos esforços.

No cristianismo, você não precisa escolher entre oração e técnicas de produtividade. Ambas têm seu lugar.

Essa premissa é fundamental para uma caminhada mais sábia e efetiva nesse e em qualquer outro campo do conhecimento e da vida. Deus é Senhor sobre a totalidade da vida humana, por isso podemos orar e pesquisar, sondar o coração e trabalhar os métodos e as técnicas, adorar e acionar o alarme.

MAIS UM PASSO NA CONSCIÊNCIA

Desse modo, é importante considerar esses aspectos mais "mundanos" que, em geral, são o centro da discussão sobre produtividade. Aqui você encontrará o que a maioria dos autores e pesquisadores em produtividade tem trabalhado. Por isso, farei um trabalho melhor se remeter você às fontes primárias e a outras obras sobre o tema do que se tentar fazer o mesmo que eles. Ainda assim, nosso olhar sobre esses elementos é diferenciado, pois nossos pressupostos são diferentes. Isso ficará ainda mais evidente no próximo capítulo.

Daremos mais um passo na compreensão dos caminhos da produtividade. Sondamos o coração, reorganizamos a premissa —

a integralidade da vida diante de Deus — e agora observaremos alguns pilares da produtividade.

A descrição desses pilares está na obra de Geronimo Theml (Produtividade para quem quer tempo)[10]. Segundo Theml, a produtividade se sustenta em quatro pilares: clareza, método, entendimento (mentalidade) e energia. Vamos observá-los mais detidamente.

A CONFUSÃO É A MÃE DA IMPRODUTIVIDADE

Todos nós começamos o dia com inúmeras tarefas a serem cumpridas. Desde as coisas mais simples, como escovar os dentes, até as mais complexas, como preparar um relatório ou uma refeição completa, são muitas as tarefas a desempenhar em um único período de 24 horas.

Todas essas tarefas estão circulando em nossa mente. "Preciso ligar para o meu pai"; "Minha esposa pediu para comprar pão"; "O chefe pediu que eu organizasse aqueles arquivos"; "Tenho de ler o material da escola dominical"; "Ainda falta completar o estudo daquela matéria para o concurso"... você sabe o que é isso. Mas existem dois problemas fundamentais: (1) nossa mente é limitada; e (2) quanto mais informação não organizada, mais difícil se torna tomar qualquer decisão.

Autores como Chris Bailey têm apontado estudos que demonstram nossa limitação em lidar com informações. Ele menciona a estimativa de Timothy Wilson (professor de psicologia na

---

[10] Geronimo Theml, Produtividade para quem quer tempo (São Paulo: Gente, 2016).

Universidade da Virgínia) segundo a qual, a cada segundo, nosso cérebro recebe 11 milhões de bits de informação.[11] Ele segue informando que, desses 11 milhões, conseguimos processar apenas 40 bits a cada vez. Além disso, Bailey sugere que nossa memória de curto prazo consegue lidar, no máximo, com sete partes de informação exclusiva.[12] Por isso é comum encontrarmos agrupamentos de até sete itens, como as notas musicais, as maravilhas do mundo e os pecados capitais. Em nosso contexto, os números de telefone residencial tinham apenas sete dígitos. Com a chegada das linhas de aparelho celular, aumentamos para oito. E já estamos com nove. Não por acaso, está cada vez mais difícil memorizar diversos números, como já fomos capazes de fazer.

O ponto é que nós temos mais de sete tarefas a serem cumpridas em um único dia, e não temos a capacidade de armazená-las e lidar com elas no curto prazo. Deixá-las todas na mente promoverá uma "sobrecarga do sistema" e nós ficaremos perdidos em meio a tantas tarefas, somente para chegar ao fim do dia e passar pelo susto de lembrar que algo importante não foi realizado.

Além da limitação de nossa mente, existe um desdobramento do paradoxo da escolha. Você já ficou alguns minutos diante da televisão ou do notebook, com seu serviço de streaming aberto, sem conseguir escolher um filme ou uma série para assistir? Ou já ficou um bom tempo com um cardápio extremamente variado de opções de lanche sem saber exatamente o que escolher? Essa é uma espécie de variante do paradoxo da escolha. No conceito de

---

[11] Chris Bailey. Hiperfoco. (São Paulo: Benvirá, 2019), posição 406 (edição eletrônica).
[12] Ibid., posição 436.

paradoxo da escolha, da forma apresentada por Barry Schwartz[13], quanto maior o número de opções, mais insatisfeitos ficaremos com a escolha realizada. Para nossos propósitos, não apenas ficaremos insatisfeitos, como também o próprio processo de tomada de decisão é prejudicado quando há muitas opções — ou informações — disponíveis e não categorizadas.

A confusão é a mãe da improdutividade. Sem sabermos o que devemos fazer, como fazer, quando fazer e em que ordem fazer, ficamos paralisados, ou cedemos à procrastinação. Por isso a clareza é o primeiro pilar destacado por Theml.

NÃO ADIANTA TER UM PORQUÊ SE VOCÊ NÃO TEM UM COMO

Mas a clareza sobre o que fazer nem sempre vem acompanhada do como. Você sabe que precisa encher um colchão inflável para ter um lugar para se deitar à noite, mas, se não souber como enchê-lo adequadamente, poderá passar a noite inteira gastando energia e passando raiva diante dessa tarefa.

O como diz respeito ao pilar do método. E um método é o sistema empregado para chegarmos aos resultados definidos. Enquanto escrevo este livro, experimento essa situação na prática. Em primeiro lugar, a Renata (editora responsável por me acompanhar) me entregou uma tarefa: o que você quer dizer em cada capítulo? Ela pediu que eu esboçasse um sumário provisório e, em seguida, passamos para um definitivo, sugerindo que eu colocasse tópicos em cada capítulo em relação ao que considero importante. Isso é clareza. Mas, para além da clareza, é necessário

---
13 Barry Schwartz, O paradoxo da escolha (São Paulo: A Girafa, 2007).

que eu efetivamente tenha um método para fazer esse projeto sair do papel e se concretizar (curiosamente, no exemplo de um livro, a expressão deveria ser "entrar no papel", e não sair dele). Esse método envolveu partir dos tópicos selecionados e definir os blocos de escrita ao longo do tempo, até a data estabelecida para a entrega.

A falta de um método adequado nos leva a gastar tempo, energia e recursos de modo desordenado, levando-nos ao esgotamento, encaminhando-nos para a procrastinação, travando-nos no processo e nos desviando do foco.

Um método para desempenhar tarefas específicas, como preparar uma refeição ou estudar para uma prova, faz muita diferença em nossa eficiência, mas, além dos métodos para a realização de tarefas específicas, precisamos de método para administrar os diferentes projetos e tarefas que temos de desempenhar ao longo da vida.

Não temos o controle da nossa caminhada, mas a abordagem ao estilo "deixa a vida me levar" nos relega à deriva, sem intencionalidade e sem realizações consistentes para a glória de Deus. Precisamos de um bom método para gerir nossos recursos, nossa energia, nosso tempo e nossas tarefas.

"Não temos o *controle da nossa caminhada*, mas a abordagem ao estilo "deixa a vida me levar" nos relega *à deriva*, sem intencionalidade e sem realizações consistentes para a glória de Deus."

A FORMA COMO VOCÊ VÊ O MUNDO MUDA O MUNDO

A frase acima, de Charles Colson, não pretende ser uma afirmação universalmente aplicável, mas tão somente uma descrição do poder de nossa perspectiva sobre a realidade.

Paul Tripp nos oferece um bom exemplo disso. Em seu livro Instrumentos nas mãos do Redentor[14], ele nos conta um episódio em que seus filhos brincavam com um taco de beisebol no quintal de sua casa, até que um deles foi atingido e ficou deitado no chão, sangrando. Os outros dois filhos ficaram agitados e preocupados, mas, aparentemente, a criança machucada era a mais tranquila naquele cenário. O pastor, então, foi até o quintal para ver a criança e a encontrou calma, sussurrando algumas palavras. Ele, então, se aproximou, para entender o que a criança dizia, e ouviu as seguintes palavras: "Está tudo bem. Meu pai é médico". A criança repetia essa afirmação como um mantra. Mas Tripp é um pastor e não é, nem nunca foi, um médico. Tudo começa a fazer sentido quando compreendemos o modo de as pessoas o chamarem e a pluralidade de significados na língua inglesa.

Por ser doutor em Teologia, o pastor era apresentado como "*Doctor Tripp*". Na língua inglesa, "*doctor*" também significa "médico". Em português, também usamos a palavra doutor para os médicos em geral (embora não somente em relação a eles). O que a criança fez foi conectar os pontos e criar uma visão da realidade: meu pai é chamado de "*doctor*", portanto ele é um médico. Se eu

---

14 Paul Tripp, Instrumentos nas mãos do Redentor (São Paulo: Nutra Publicações, 2009), p.72.

me machucar, vai ficar tudo bem, pois um médico sabe cuidar de quem se machuca e fica doente. Então, eu posso ficar tranquilo.

A sequência de conexões é impressionante, pois não tinha lastro na realidade — Paul Tripp continuava sendo um pastor, e não um médico. Mas alterou, de forma significativa, o modo de aquela criança agir na realidade, respondendo com calma e confiança, e não com ansiedade ou desespero.

Isso nos remete ao pilar do entendimento. Theml chama esse pilar de mentalidade. Mas o termo mentalidade, ou *mindset*, já se tornou bastante desgastado pelo uso no universo dos coaches, de modo que prefiro usar a palavra entendimento. O modo de percebermos nosso chamado, nossas responsabilidades, nossos projetos e tarefas faz muita diferença no modo como vamos nos envolver com eles.

Já falamos aqui sobre os otimistas e os pessimistas. Os otimistas podem abraçar projetos partindo de muita autoconfiança e se esgotar no processo. Os pessimistas temem até mesmo iniciar alguma coisa, partindo da autopreservação, e ficam sem realizações.

Na verdade, o que nós precisamos é de um modo próprio de enxergar a realidade que não ceda às mentiras do mundo, da carne e do diabo. Isso responde ao chamado que recebemos em Filipenses 4.8, para pensarmos naquilo que é verdadeiro, respeitável, justo, puro, amável, de boa fama; naquilo em que há virtude e louvor. A mente preenchida por esse entendimento poderá enxergar a realidade com os olhos da fé e perceber o mundo com as lentes corretas, nem desanimando nem se esforçando além do que convém.

SACO VAZIO NÃO PARA EM PÉ

O último pilar para sermos produtivos é o que Theml chama de energia. Imagine um pai cujo chamado é para educar seus filhos no temor do Senhor. Ele pode saber qual é seu chamado (tem clareza), ter uma boa compreensão da abordagem bíblica para a educação de seus filhos (conta com um método) e até mesmo olhar para essa tarefa com ânimo e coragem (entendimento). Mas, se esse pai viver doente, não conseguirá desempenhar a contento boa parte das tarefas pretendidas. A energia é importante para o cumprimento dos chamados de Deus para nós.

Quando falamos de energia, destacam-se três aspectos fundamentais: alimentação, sono e atividade física. Por vezes, em nosso dualismo, tendemos a valorizar a disciplina espiritual, como oração e leitura bíblica, e a desprezar a disciplina física, como as três aqui citadas. Mas temos de nos lembrar da nossa premissa: somos seres integrais, uma unidade corpo-alma. Isso significa que aquilo que acontece com nosso corpo afeta nossa alma, e vice-versa. Por isso, quando Davi escondeu seu pecado, seus ossos envelheceram (Sl 32); e, quando Elias estava sem esperança, parte do tratamento de Deus envolveu alimentá-lo (1Rs 19.5)

A alimentação faz muita diferença no dia a dia. Nesse tempo de alimentos ultraprocessados e industrializados, cada vez mais ouvimos falar de pessoas que apresentam intolerâncias e alergias. Agora há seções inteiras nos supermercados com alimentos sem glúten e lactose. Também é verdade que há uma "moda" de alimentos orgânicos e uma indústria do bem-estar altamente lucrativa. Mas, igualmente, é verdade que nossa alimentação ruim nos tem deixado inflamados, malnutridos e... indispostos.

Um sono prejudicado afeta nossa capacidade de recuperar as energias e reorganizar a mente. Além disso, nossa imunidade pode baixar e nós estaremos mais suscetíveis a diversas doenças. Embora o lema dos *workaholics* nos diga "trabalhe enquanto eles dormem", esquecemos que poucas horas de sono têm impacto decisivo sobre nossa saúde em geral e nossa cognição, em particular. Em resumo: durma mal e você não conseguirá ser verdadeiramente produtivo no longo prazo.

Por fim, a atividade física é importante nesse tempo em que a tecnologia substituiu o esforço. Já não temos mais de andar longas distâncias, carregar muito peso e manter o corpo em movimento. À exceção das donas de casa que leem este livro, possivelmente a maioria de nós passa o dia inteiro em ambientes fechados, trabalhando ou estudando, sentados, diante de uma tela. Nossos *smartphones* e *smartwatches* nos lembram de dar oito mil passos diários, mas dificilmente cumprimos essa meta. O sedentarismo tem contribuído para a obesidade e o metabolismo lento, e isso se reflete em indisposição durante o dia. Em outras gerações, com menos telas e entretenimento, o exercício do corpo era mais orgânico e integrado ao trabalho do dia; em nossa geração, porém, tornou-se necessário abordar a atividade física como um item separado de nossa agenda. Blocos menores de atividade de alta intensidade, ou de exercícios cardiorrespiratórios, como uma caminhada ou uma corrida durante o dia, fazem muita diferença em nossa saúde e produtividade.

UMA PREMISSA, QUATRO PILARES

Clareza, método, entendimento e energia são os pilares da produtividade. Alinhar o coração não significa desprezar o corpo e a inteligência prática no serviço. Esses aspectos são importantes porque a redenção de Jesus toca cada aspecto de nossa vida, e porque somos seres integrais. Glorificamos a Deus quando reconsideramos nossas motivações, e praticamos atividade física.

Ainda assim, o que distingue a estruturação cristã da produtividade de qualquer outra proposta? Veremos a resposta no próximo capítulo.

1. De que maneiras o dualismo do "secular vs. sagrado" já esteve presente na sua vida?

2. De que maneiras a compreensão de que nossa vida é integrada tem impacto na sua produtividade hoje?

3. Quais métodos você já testou para conseguir realizar suas tarefas de modo mais efetivo?

4. Em suas lutas com a produtividade, o que mais lhe falta: clareza, método ou mentalidade? Descreva.

5. Você pratica atividade física com alguma frequência? Caso não, como você pode incorporá-la à sua rotina hoje?

7
O QUE REDIME A NOSSA PRODUTIVIDADE

Todas as propostas de produtividade disponíveis no mercado envolverão aspectos dos pilares abordados no capítulo anterior. Não é raro ouvirmos sobre clareza, método, mentalidade e energia, ainda que nem sempre nessa ordem ou nesse conjunto. Também ouviremos sobre listas de tarefas e formas de visualizar as demandas (trataremos disso mais adiante).

Todos esses elementos são importantes e úteis na organização de nossa vida e nossas demandas. Mas eles têm sido propostos por pessoas que não temem o Senhor. Isso pode significar que não há nada de distintivo nesses elementos que aponte para Cristo e reflita uma visão cristã de produtividade.

Devemos ser cautelosos em buscar "versões cristãs" de tudo. O risco é produzirmos uma subcultura que usa o nome de Deus em vão para desfrutar as mesmas coisas do mundo, porém com uma consciência apaziguada — por isso criamos versões gospel de ritmos que temos dificuldade de aceitar: forró gospel, axé gospel, funk gospel etc. Outro risco é o de nos prendermos a elementos de qualidade inferior simplesmente por terem o rótulo "cristão". No entanto, o maior risco de todos é não conseguirmos desfrutar a boa criação de Deus por causa de nossa visão de mundo dualista.

Nem tudo precisa do rótulo "cristão". Você não precisa comer um omelete cristão para glorificar a Deus, ou tomar um remédio cristão quando ficar doente. Não precisa usar um tênis cristão para correr ou tocar um violão cristão quando quiser "fazer um som". É possível desfrutar todas essas coisas sem culpa, sem "convertê-las" ao cristianismo. O desfrute dessas dádivas com o coração grato já glorifica a Deus. (Confira o livro As coisas da terra, de Joe Rigney.)[15]

Então, resta a seguinte pergunta: Acaso nós precisamos de uma produtividade redimida? Produtividade não é apenas uma sequência de métodos, técnicas e recursos para fazer mais e melhor com menos tempo e esforço? E, se houver essa tal visão cristã de produtividade, com o que ela se parece, e como se diferencia da visão comum sobre o tema?

---

15 Joe Rigney, As coisas da terra (São Paulo: Monergismo, 2017).

A NECESSIDADE DE TERMOS UMA VISÃO CRISTÃ

É verdade que não precisamos de um "omelete cristão" — nem seria possível fazer isso. Mas o cristão percebe o omelete de forma distinta do não cristão. Ele o enxerga a partir de uma moldura que coloca o omelete, seja feito por um cristão ou não, como uma dádiva do Senhor e, desse modo, o recebe com ações de graça. A diferença na visão de mundo produz uma postura e uma prática diferenciadas.

No contexto da produtividade, o cristão poderá usar ferramentas desenvolvidas por não cristãos, mas seu entendimento do que é ser produtivo já é distinto, porque faz parte de sua compreensão do que representam a santificação e uma vida voltada a Deus.

A produtividade redimida é diferente em suas motivações e metas, embora os meios possam ser semelhantes a qualquer outro sistema de produtividade. É necessário que as motivações estejam alinhadas com o fim principal do homem, segundo o Breve Catecismo de Westminster: "glorificar a Deus e se alegrar nele para sempre". As motivações transformadas também tocam os aspectos trabalhados na primeira parte deste livro: um coração livre de orgulho e que aprende a descansar não foge das responsabilidades e caminha em disciplina. As metas também são diferentes. Não se trata meramente de "fazer o primeiro milhão", de "passar no ENEM", de "ter a casa limpa" ou de "conseguir uma promoção". Não se trata de construir o nosso império. Uma visão cristã de produtividade é fundamental para não ganharmos o mundo enquanto perdemos a alma.

A LÓGICA DA PRODUTIVIDADE REDIMIDA

Ao longo dessa caminhada, lutando e aprendendo a alinhar o coração com a graça de Deus, tenho desenvolvido uma abordagem de produtividade que é distintamente cristã. Você pode chamar de "método cristão de produtividade" ou simplesmente de uma "perspectiva cristã", mas o ponto fundamental é que existe uma forma de olhar para nossos projetos, tarefas, demandas, chamados e tempo em uma sequência peculiar, centrada no evangelho. Estamos chamando isso de "produtividade redimida".

Essa não é a mera "conversão" de um modelo, nem a tentativa de fazer algo medíocre, mas que nos tranquilize por ter o nome de Jesus. É, verdadeiramente, uma sequência de aspectos que, considerados com honestidade e nas bases corretas, transforma não apenas as tarefas que temos a desempenhar, mas também a própria forma de desempenhá-las.

A produtividade redimida é constituída de quatro aspectos: identidade, discipulado, vocação e momento. Nossa forma de lidar com a vida precisa passar na peneira desses quatro aspectos. Vamos caminhar por eles.

O QUE VOCÊ FAZ E COMO FAZ DEPENDE DE QUEM VOCÊ É

O tema da identidade não é exatamente novo no contexto da produtividade pessoal. Christian Barbosa, uma das maiores autoridades em produtividade no Brasil, dedica um capítulo do seu A tríade do tempo[16] para falar de identidade. James Clear,

---

16   Christian Barbosa, A tríade do tempo (São Paulo: Buzz Editora, 2018).

"A produtividade redimida é constituída de quatro aspectos: *identidade, discipulado, vocação e momento*. Nossa *forma de lidar com a vida* precisa passar na peneira desses quatro aspectos."

no aclamado Hábitos atômicos[17], também dedica um capítulo para falar de identidade. E aqueles que leram O milagre da manhã, de Hal Elrod[18], também devem ter percebido que o tema perpassa algo do processo ali sugerido.

Mas, talvez por não ser o foco, nessas obras o tema da identidade não é abordado em uma base transcendente. Com isso, ficamos com a impressão de que a identidade é algo que nos distingue de outras pessoas e/ou algo que desejamos construir em nosso processo de desenvolvimento pessoal.

A visão cristã é diferente. Nossa identidade, em última análise, não é algo que construímos com a força do nosso braço, ou algo que simplesmente nos diferencia das outras pessoas. É mais do que isso. É a base de nossa existência — aquilo que nos fará agir no mundo de formas específicas. Portanto, o primeiro aspecto da produtividade redimida é a identidade. Começamos perguntando "quem sou eu?" porque essa pergunta abrirá nossos olhos para o nosso Deus e seu santo evangelho.

Uma cena bíblica pode nos ajudar. Jesus vai começar seu ministério público. Foram algumas décadas de "bastidores" — por assim dizer —, crescendo em sabedoria, estatura e graça, diante de Deus e dos homens (Lc 2.52). Mas agora é chegada a hora de o Messias sair de trás das cortinas e começar a cumprir publicamente seu chamado. Então, algo especial acontece.

O início do ministério público de Jesus é descrito por Lucas com seu batismo (Lc 3.21,22). Do batismo, Jesus seguirá para a

---

17   James Clear, Hábitos atômicos (Rio de Janeiro: AltaBooks, 2019).
18   Hal Elrod, O milagre da manhã (Rio de Janeiro: BestSeller, 2016).

tentação no deserto (Lc 4.1-13), e então começará a ensinar nas sinagogas da Galileia (Lc 4.14,15).

O batismo vem primeiro. E o que aconteceu no batismo? Lucas nos conta que, sendo Jesus batizado e se pondo a orar, desceu sobre ele o Espírito em forma de uma pomba, e ele ouviu a voz dos céus, que dizia: "Tu és o meu Filho amado; em ti me comprazo" (Lc 3.22). Antes de Jesus "fazer" qualquer coisa, sua identidade foi revelada, e ele a recebeu do Pai.

Saber que ele era o Filho amado do Pai, e que o Pai se alegrava nele, certamente foi importante para que o Filho permanecesse firme diante das tentações, do desprezo e da horrível morte de cruz que viria anos à frente. A identidade firmou a caminhada.

Conosco, não é diferente. Nós somos inseguros a respeito de nossa identidade e, por essa razão, tentamos firmá-la a partir de diferentes referenciais. Se tentarmos firmar nossa identidade no próprio trabalho ("Eu sou um trabalhador dedicado"), corremos o risco de não reconhecer o momento de parar e experimentar o burnout, ou entraremos em desespero e depressão quando perdermos o emprego. Se tentarmos firmar nossa identidade em outras pessoas, teremos dificuldade para dizer "não" e estabelecer limites, caminhando sem cumprir o nosso chamado, por vivermos sequestrados pela agenda alheia. Em resumo: se tentarmos firmar nossa identidade em qualquer coisa ou pessoa que não seja o Senhor, nossa vida seguirá um rumo incerto, e nós viveremos em uma casa edificada sobre areia, que não poderá resistir ao teste da vida real.

Por isso, o primeiro movimento da produtividade redimida é ouvir a doce voz do Salvador nos dizendo quem somos: filhos

143

amados. Quando partimos dessa segurança, a vida ganha outras cores. As circunstâncias, as coisas e as pessoas ocupam o lugar correto. E o foco da nossa caminhada pode ser ajustado.

Quando estamos firmados em nossa identidade em Cristo, podemos permanecer seguros na abundância e na provação, mantendo o foco e servindo, ainda que tudo à nossa volta nos diga que não vale a pena.

Quando nossa identidade está firmada no Senhor, a fé, a esperança e o amor dão o tom dos projetos e das tarefas que abraçamos, e do modo que os realizamos. Dão o tom da maneira como vivemos a vida em seus mais variados aspectos.

A identidade firme em Cristo é fundamental não apenas para o cumprimento de tarefas; ela é fundamental para a vida.

QUEM VOCÊ É NEM SEMPRE ESTÁ FELIZ COM QUEM VOCÊ TEM SIDO

A produtividade redimida começa com a identidade. Se, de fato, cremos em Cristo, nossa identidade é estática: somos filhos amados do Senhor. Somos perdoados, justificados, adotados, reconciliados. Somos raça eleita, sacerdócio real, nação santa, povo de propriedade exclusiva de Deus (1Pe 2.9). Isso não muda.

Mas nós precisamos entender que a nossa identidade real nem sempre é a nossa identidade funcional, e que a realidade espiritual que nos define não é a realidade concreta que nós vivemos nessa etapa da história da redenção. Por vezes esquecemos que somos coerdeiros com Cristo, e vivemos buscando migalhas que matem a nossa fome e a nossa sede. Por isso precisamos crescer na assimilação de nossa identidade.

Ao mesmo tempo, somos santos em Cristo, mas, no dia a dia, continuamos pecando. Essa tensão tem sido chamada por alguns teólogos de "já e ainda não", considerando a redenção já operada por Deus, mas ainda não completada no tempo.[19]

Textos bíblicos como a carta de Paulo aos Efésios consistem em um grande encorajamento para crescermos naquilo que já somos em Cristo. Simon Austen, em Teaching Ephesians[20], usa a interessante — porém antiga — imagem do processo de revelação de uma fotografia na sala escura. A imagem já está lá, mas vai aparecendo aos poucos: "Da mesma forma, fomos vivificados e ressuscitados com Cristo. Como resultado, temos nele todas as bênçãos espirituais. A foto foi tirada; mas agora o filme deve ser revelado, para que possamos nos tornar o que somos".[21]

Já somos filhos amados de Deus. Mas devemos nos tornar pessoas transformadas, crescendo um dia de cada vez. Essa é a caminhada de um discípulo de Jesus. Por isso, depois da identidade, a produtividade redimida leva em consideração a realidade do discipulado.

No âmbito do discipulado, nós perguntamos: "Quem eu devo me tornar?". Essa pergunta é importante para o direcionamento da vida, porque situa a pessoa antes da tarefa. Assim, não basta que você esteja envolvido em bons projetos, ou que cumpra bem suas tarefas. Antes daquilo que você faz, está a pessoa que você é e tem sido.

---

19 O foco do uso desse termo está nas discussões de escatologia. Cf Anthony A. Hoekema. A Bíblia e o futuro. (São Paulo: Cultura Cristã, 2012), p.80.
20 Simon Austen, Teaching Ephesians (S.l.: Christian Focus Publications, 2012).
21 Ibidem, p. 17. Tradução livre.

145

Se você cumprir perfeitamente suas tarefas profissionais, porém não caminhar com Deus no dia a dia, qual é o valor de suas realizações? Se você serve em muitos ministérios na igreja, mas não dedica tempo à sua família, o que espera alcançar?

Como discípulos de Jesus, devemos entender quem ele nos tem chamado para ser, e só então poderemos pensar nos projetos e nas tarefas que temos a realizar. O caminho do discipulado envolve o trabalho contínuo dos três "Cs" diante de Deus: coração (caráter), conhecimento e competências. E isso diz respeito, em primeiro lugar, à nossa vida com o Senhor, mas também envolve as demais áreas de nossa existência: relacionamento conosco, com o próximo e com o mundo (nosso trabalho).

Você consegue perceber a diferença até aqui? Diferentes projetos de produtividade buscam, essencialmente, reconhecer como minimizar os esforços para obter o máximo de resultados. Nós estamos jogando outro jogo: nossa produtividade é uma caminhada de santificação que começa com uma identidade firmada em Cristo, e com o trabalhar de nosso ser, para então fazermos algo. Mas chega a hora de fazer.

VOCÊ FOI CHAMADO

Com a base firme (identidade) e caminhando no desenvolvimento pessoal centrado no evangelho (discipulado), é hora de passar ao terceiro aspecto, que diz respeito ao que temos de fazer. Eu chamo esse aspecto de vocação.

Todo mundo tem uma vocação. Ou melhor: todo mundo tem algumas vocações. Daniel Doriani, presidente do Center for Faith and Work [Centro para a Fé e o Trabalho], nos diz que "a teologia católica romana clássica falava de chamados para o sacerdócio, mas não de chamados para o trabalho 'secular'. Os reformadores desafiaram essa visão".[22] Ele vai além e afirma: "Lutero insistia que a mulher que ordenha vacas, o agricultor nos campos e o magistrado na aplicação da justiça eram tão agradáveis a Deus e tão importantes para o homem quanto qualquer sacerdote ou monge".[23]

No entanto, essa discussão é mais abrangente, e o conceito de vocação e suas implicações podem ser explorados em diversas obras importantes como Deus em ação, de Gene Veith[24], O cristão e a cultura[25], de Michael Horton, Teologia sistemática[26] e A doutrina da vida cristã,[27] de John Frame, porém nosso foco aqui é mais modesto. A nós, basta a noção de que fomos chamados por Deus para desempenhar papéis na família, na igreja e na sociedade. Tanto Doriani como Frame usam 1 Coríntios 7 para demonstrar de que forma Paulo fala de nossos papéis ou situações na vida como algo dado por Deus.

Se os romanistas erravam ao limitar a vocação ao contexto explicitamente religioso, os evangélicos erram por limitá-la ao contexto estritamente profissional. As vocações, ou os chamados (o termo "vocação" vem do latim vocare, que significa "chamar"), não envolvem apenas a dimensão profissional, mas

---

22 Daniel Doriani, Uma visão bíblica do trabalho (São Paulo: Cultura Cristã, 2023), p. 95.
23 Ibidem, p. 96.
24 Gene Veith, Deus em ação (São Paulo: Cultura Cristã, 2019).
25 Michael Horton, O cristão e a cultura (São Paulo: Cultura Cristã, 2019).
26 John Frame, Teologia sistemática (São Paulo: Cultura Cristã, 2020).
27 John Frame, A doutrina da vida cristã (São Paulo: Cultura Cristã, 2019).

147

também áreas diversas da vida. Antes de sermos chamados para desempenhar papéis profissionais na sociedade, fomos chamados para papéis no contexto da família, por exemplo, e temos responsabilidades para com nossos irmãos na fé.

A importância primeira do conceito de vocação é a de que respondemos a Deus nas responsabilidades que assumimos. Nossa vida familiar responde a Deus. Nossa vida eclesiástica responde a Deus. Nossa vida profissional responde a Deus. Ele, e não nós, ocupa o centro de tudo (lembre-se do capítulo sobre orgulho).

A vocação diz respeito ao que devo fazer. Uma vez que o ser está estabelecido, com a identidade firmada e buscando crescimento diário, é importante assumirmos a responsabilidade de servir nas diferentes esferas sociais. Por isso temos de lidar com a seguinte questão: "O que Deus tem me chamado para fazer?".

Temos de reconhecer que essa é uma crise contemporânea. Já falamos anteriormente sobre o paradoxo da escolha e suas variantes. Isso se aplica bem ao contexto profissional contemporâneo. Cada vez mais, percebo jovens em crise em relação aos caminhos que eles devem seguir na vida por causa da pluralidade de opções no cardápio de cursos universitários e possibilidades profissionais. "Como descobrir minha vocação?", essa é uma pergunta cada vez mais frequente. Algumas respostas podem nos ajudar.

A primeira é que, se considerarmos as vocações, e não apenas a vocação, torna-se mais fácil identificar alguns chamados. Por exemplo, no contexto familiar, eu já parto de um cenário em que tenho responsabilidades como filho, pai, marido, esposa,

"Nossa *vida familiar* responde a Deus. Nossa v*ida eclesiástica* responde a Deus. Nossa *vida profissional* responde a Deus. Ele, e não nós, *ocupa o centro de tudo.*"

irmão, irmã etc. Aqui você não precisa escolher; basta reconhecer a realidade dessas relações e pensar nos modos de servir intencionalmente à sua família. No contexto eclesiástico, pode ser um pouco mais complicado escolher em que áreas da igreja servir, mas você também já parte da noção de que Deus o colocou em uma família da fé, e você tem a responsabilidade de amar de forma prática seus irmãos.

Mas como escolher as áreas de servir na igreja e profissionalmente? É aqui que a situação se torna mais complicada. Kevin DeYoung, em seu livro Faça alguma coisa, nos lembra que gerações anteriores não experimentavam tantas crises nas escolhas que deveriam fazer, simplesmente porque não tinham tantas opções:

> De várias formas, nossa preocupação com a Vontade de Deus é um fenômeno ocidental, da classe média, nos últimos cinquenta anos. Pessoas que vivem com um dólar por dia simplesmente não têm muitas escolhas a fazer. Tampouco a maior parte de nossos avós tinha... Um século atrás, a maioria das pessoas vivia no lugar em que havia nascido. Você fazia o que sua mãe ou seu pai faziam, provavelmente trabalhando em uma fazenda se você fosse um homem, ou criando filhos (e trabalhando na fazenda), se fosse uma mulher.[28]

Mas nós estamos no século 21 e temos de lidar com a situação. Como identificar as vocações em aspectos profissionais? Um lembrete importante é que não devemos atribuir a um chamado a dimensão de imutabilidade. Pelo contrário, por nossa condição de criaturas e pelo fato de Deus ter estabelecido ritmos e estações na vida, nenhuma vocação é estática. Até mesmo a vo-

---
[28] Kevin deYoung. Faça alguma coisa. (São Paulo: Cultura Cristã, 2018), p. 28-9. Tradução livre.

cação para o casamento, que deve ser "até que a morte nos separe", experimenta mudanças após a morte do cônjuge.

Essa constatação pode nos ajudar a diminuir o peso de uma escolha profissional. Nós temos medo de nos arriscar em uma área, pensando que, se escolhermos errado, "estragaremos nossa vida para sempre". Isso não é verdade. Nossas vocações, em maior ou menor grau, são temporárias, e a Providência de Deus pode nos guiar para uma profissão por um tempo, e depois nos conduzir a outra atividade profissional em uma estação diferente da vida.

Outro problema em nosso discernimento está na compreensão equivocada de que a vocação será "descoberta" como por revelação divina. Podemos chamar essa abordagem de "de cima para baixo" — esperamos ter algum tipo de *insight* que nos mova para descobrirmos a vontade de Deus para nossa vida profissional e, então, abraçaremos esse chamado. O pastor Heber Campos Júnior, em seu livro Tomando decisões segundo a vontade de Deus,[29] nos ajuda a desmistificar algumas dessas compreensões comuns, porém teologicamente problemáticas. Ele aponta confusões quanto à vontade de Deus, utilizando distinções como "vontade preceptiva e vontade decretiva", ou "vontade secreta e vontade revelada", e assim nos leva a entender que a Escritura não nos encaminha nessa busca por descobrir uma vontade de Deus específica para minha vida: "Podemos ser enganados por nós mesmos a pensar que sabemos as portas que o Senhor irá nos abrir quando, de fato, ele nunca intentou revelar-nos. Mas por

---

29 Heber Campos Júnior, Tomando decisões segundo a vontade de Deus (São Paulo: Fiel, 2018).

que ele não nos mostra os seus planos para as nossas vidas? Ele não quer que vivamos por vista, mas por fé"[30].

A abordagem de cima para baixo nos deixa travados diante da escolha porque esperamos uma revelação segura e certa de nossas vocações. Mesmo cristãos conservadores podem adotar essa abordagem por meio de métodos como "portas abertas", "testes", "versículos bíblicos aleatórios" e "impressões" — como a famosa paz no coração, descreve Heber Campos Júnior.[31]

Um caminho mais adequado para a tomada de decisões, segundo Campos Júnior, é o da reflexão, do aconselhamento, da suspeita e da espera.[32] Sua proposta tem implicações em diversas áreas e nos apresenta o caminho "de baixo para cima".

O caminho de baixo para cima não despreza a vontade de Deus. Nós cremos que a vontade de Deus existe e é operada por sua Providência, como nos diz a Confissão de Fé de Westminster:

> Pela sua muito sábia providência, e segundo a sua infalível presciência e o livre e imutável conselho da sua própria vontade, Deus, o grande Criador de todas as coisas, para o louvor da glória da sua sabedoria, poder, justiça, bondade e misericórdia, sustenta, e dirige, dispõe e governa todas as suas criaturas, todas as ações e todas as coisas, desde a maior até a menor (CFW V.I).

No entanto, em vez de tentar adivinhar a vontade de Deus, o caminho de baixo para cima assume a responsabilidade de tomar decisões e lidar com as respectivas consequências, crendo que a

---

30   Ibidem, p. 55.
31   Ibidem, p. 88-100.
32   Ibidem, p. 105-116.

história, em geral, e a nossa história pessoal, em particular, estão nas mãos do Senhor.

Àqueles que me perguntam como "descobrir" sua vocação, tenho sugerido uma abordagem que envolve três letras, brincando com o título acadêmico: PhD.[33]

A letra "p" está relacionada às nossas paixões. No universo de conhecimentos, áreas e atividades possíveis, apenas algumas realmente despertam nosso interesse. É verdade que nem sempre teremos de trabalhar apenas com aquilo que nos anima, mas ter clareza sobre o que nos interessa ajuda na tomada de decisão. Quais são as áreas de seu interesse?

A segunda letra, "h", diz respeito às habilidades. Por exemplo, podemos nutrir uma grande paixão por cantar, mas termos zero habilidade para isso. Reconhecer as próprias habilidades ou ter a disposição de desenvolvê-las — ambas as coisas funcionam como um segundo filtro que diminuirá as opções que temos à nossa frente.

A letra "d" nos fala de demanda. Imagine que você tenha muito interesse por artes, especialmente escultura em gelo. Imagine que, por alguma razão, tenha grande habilidade em fazer escultura com o gelo que tem na geladeira de sua casa. Porém, imagine que, como eu, você mora em uma região quente como Barretos, no interior de São Paulo, ou no sertão nordestino. Nessas áreas, as esculturas de gelo não apresentam alta demanda, pois sequer conseguem sobreviver por mais de alguns minutos. Esse

---

33 Devo mencionar aqui, em nome da justiça e gratidão, o empresário na área de marketing digital, Juliano Torriani, de quem ouvi isso pela primeira vez em uma live no Instagram. Também tem se popularizado uma proposta japonesa chamada ikigai, que usa categorias semelhantes.

terceiro filtro reorienta nosso foco para servirmos em áreas nas quais haja alguma necessidade e utilidade em nosso contexto.

É claro que a abordagem PhD não é absoluta nem infalível. Aqueles que abraçam o chamado artístico dificilmente serão movidos por um senso de utilidade, pois a arte não tem como finalidade ser "útil". E nós precisamos de arte! Em outros contextos, a demanda aparentemente inexistente será criada a partir dos produtos e serviços que oferecermos. Ainda assim, a referência dessas três letras pode nos ajudar bastante.

Além disso, ouvir pessoas, testar habilidades, experimentar ocupações e também servir "naquilo que for possível", tudo isso nos livrará de ficar eternamente travados, imaginando qual seria a nossa vocação, sem tomar nenhuma ação concreta no mundo.

Daniel Doriani descreve uma dinâmica interessante em Uma visão bíblica do trabalho.[34] De certa forma, envolve o que descrevemos acima, mas delineia sete etapas pelas quais alguém vai caminhando para o crescimento no exercício de uma vocação:

1. Capacidade e interesse básicos

2. Desejo de desenvolver a habilidade

3. Prática precoce, busca de experiência, mentores. O desejo aumenta

4. Experiência inicial positiva

5. Capacidade percebida, o que leva a treinamento adicional, experiência

6. Ingresso em um trabalho regular e

7. Crescimento por meio da prática, experiência

---

34 Daniel Doriani, op. cit., p. 108.

As descrições acima buscam encorajá-lo a não ficar preso no mundo das ideias. É importante refletir, mas a reflexão que não leva à ação se transforma em vício, e não em virtude.

As gerações mais jovens têm medo de fazer escolhas erradas, de "estragar sua vida", de se machucar no processo. Mas isso pode revelar nosso orgulho, que nos coloca no centro, em vez de buscarmos o serviço efetivo voltado ao próximo.

Se você, após algum tempo de lutas internas, continua sem fazer a menor ideia de qual é sua vocação, simplesmente escolha algum projeto ou tarefa em que possa servir, e comece a partir daí. Qualquer serviço lícito, realizado de boa consciência, glorifica a Deus e promove o bem do outro.

ACEITE SUA REALIDADE

A produtividade redimida parte de uma identidade segura em Cristo, busca o crescimento para nos tornarmos o que devemos ser, encara os chamados para servir na prática e, por fim, lida com seu momento.

O "momento" fala de nossas circunstâncias. Por mais que tenhamos clareza quanto à vocação, devemos lembrar que, como criaturas, somos sempre limitados por espaço, tempo e recursos. Isso significa que o exercício de nossa vocação deve adequar-se à realidade que nos cerca. Essa é a ação da Providência guiando nossa caminhada.

A compreensão do momento é importante porque tendemos a idealizar as vocações. Imagine um jovem que, após servir na igreja, tem o reconhecimento da comunidade e de sua liderança de que deve caminhar para o ministério pastoral. Esse jovem aspira ao episcopado e, assim, adquire alguma clareza sobre sua vocação (isso deverá ser confirmado posteriormente). Ainda assim, esse jovem, que se mostrou comprometido e dedicado servindo em diferentes áreas na igreja, não tem a capacitação teológica para o exercício do ministério. Por isso, ainda que tenha clareza sobre sua vocação, seu momento é o de adquirir as habilidades essenciais para desempenhá-lo: ferramentas de teologia bíblica, exegética, sistemática, filosófica, histórica e prática.

Não basta sonharmos com a vocação. Ela sempre precisará ser desempenhada em um momento histórico concreto, conforme as nossas possibilidades e limitações do presente.

Isso também nos ajuda a lidar com as eventuais mudanças no tecido da vida. De vez em quando, tenho de lidar com mães profundamente frustradas no desempenho de sua vocação. Elas sofrem de ansiedade e, principalmente, culpa. Um dia foram mulheres altamente engajadas na vida eclesiástica, intelectual ou profissional. E então ficaram grávidas. O sonho de ser mãe finalmente se tornou realidade, mas agora que o bebezinho nasceu, elas vivenciam uma crise profunda. Nos primeiros meses de vida do seu filho, elas não têm mais a energia para fazer o que costumavam fazer. Já faz um tempo que não saem da mesma página do mesmo livro. Não estão mais engajadas nas programações da igreja, e a licença do trabalho tem produzido algum desconforto.

O que dizer a essas mães?

Se você tem acompanhado o argumento deste livro, sabe que a luta dessas mulheres com a produtividade é, fundamentalmente, uma questão do coração. Muitas delas atrelaram sua identidade e seu valor às atividades que desempenhavam, ou ao

"A produtividade redimida parte *de uma identidade segura em Cristo*, busca o crescimento para nos tornarmos o que devemos ser, encara os chamados para *servir na prática* e, por fim, lida com seu momento."

ritmo que imprimiam em suas atividades. Agora que, pelas circunstâncias da vida, estão impedidas ou limitadas no exercício do que um dia foi natural, sua identidade ruiu e elas se sentem em crise.

Eu digo a essas mães que se lembrem de sua identidade em Cristo, e que aceitem seu momento. Se um dia o cumprimento de sua vocação foi uma vida agitada na igreja, agora a Providência as conduziu para um momento em que sua prioridade é cuidar desse serzinho indefeso (chorão e cheiroso) no quarto ao lado. Se um dia conseguiam ler vários livros no mês, agora é hora de se contentar com as poucas linhas antes da mamada seguinte, ou antes de caírem no sono, exaustas.

Está tudo bem. Seu momento é esse. E ele não é permanente. Nossas circunstâncias mudam ao longo da vida, sempre trazendo possibilidades e limitações para o cumprimento de nossa vocação.

Talvez alguns de vocês estejam lendo este livro exatamente no meio de um período de esgotamento. Como eu, sua capacidade de ler, manter a concentração e produzir qualquer coisa, foi severamente afetada. Não tente forçar a barra. Se seu momento agora é o de parar e se recuperar, aceite as circunstâncias de bom grado. Seu valor não está em sua produtividade, e não é saudável idealizar o chamado. Você deve servir a Deus e ao próximo aqui e agora, como toda criatura.

UMA MOLDURA PARA A VIDA

Se você prestar atenção, essa moldura da produtividade redimida não toca somente a dimensão profissional. Uma identidade bem firmada, um caminho de discipulado, o engajamento nas vocações e o habitar seu momento, tudo isso é uma moldura para a vida debaixo do sol. Uma moldura para nossa peregrinação, apontando para a eternidade. Isso vale mais do que qualquer método ou recurso. Mas não os despreza. Por isso chegou a hora de falar de métodos, técnicas e recursos de produtividade. No próximo capítulo.

O QUE REDIME A NOSSA PRODUTIVIDADE

1. Como a compreensão de que sua identidade de filho amado de Deus vem antes de qualquer tarefa que você possa realizar transforma o modo como você busca ser mais produtivo?

_____
_____
_____

2. Como você responderia à pergunta "quem eu devo me tornar"?

_____
_____
_____
_____

3. Use o espaço de anotações a seguir para elencar suas respostas às seguintes perguntas: "Quais são as suas paixões (de que coisas você gosta)?"; "Quais são suas habilidades (o que você faz bem e é reconhecido por isso?)" e "Há demanda para as áreas do seu interesse de habilidades?".

4. Como você descreveria o seu momento atual de vida? A partir do que descreveu, o que você pode dizer que Deus requer de você hoje?

_____
_____
_____
_____

5. Conclua este capítulo registrando uma oração. Peça a Deus um coração que reconheça e desfrute a realidade de que, se você está em Cristo, é um filho amado por Deus e nada mudará essa realidade. Peça a ele que lhe ajude a se tornar o tipo de pessoa que ele quer que você seja. Clame a Deus para ser a força que o engaja nas vocações que ele lhe concedeu. Peça por um coração humilde e que sabe habitar o momento presente com gratidão.

8
SEU CADERNO É UMA ARMA: RECURSOS NA PRÁTICA

*E*screvi a maior parte deste livro tentando convencê-lo de que o problema fundamental em sua produtividade é algo anterior ao que fazemos propriamente. Trabalhamos o alinhamento do coração na primeira parte e, nos primeiros dois capítulos da segunda parte, falamos dos fundamentos da produtividade em geral e da produtividade redimida.

Agora estamos livres para falar de métodos, técnicas e recursos de produtividade, e faremos isso em um único capítulo. Essa escolha é proposital: já existem no mercado vários livros abordando esse assunto, enquanto os livros que conectam a produtividade às Escrituras e, especificamente, ao alinhamento do coração são coisa rara.

Por isso trabalharei aqui alguns métodos, técnicas e recursos que são especialmente úteis à minha organização e à minha produtividade pessoal, e acredito que possam ser verdadeiramente abençoadores também em sua vida. Mas não os abordarei em profundidade: encaminharei você para fontes primárias que o ajudarão nos detalhes e nuances de cada elemento.

NÃO CONFIE EM SEU CÉREBRO

Se podemos partir de uma premissa fundamental, é a de que não é possível confiar em nosso cérebro. David Allen sugere que a mente é ótima para ter ideias, mas inadequada para armazená-las. Ele diz que "sua mente consciente, assim como a tela do computador, é uma ferramenta de concentração, não um local de armazenagem".[35] Essa mesma analogia com o computador aparece em outra citação, agora referindo-se à memória RAM:

> Deixados exclusivamente na mente, os compromissos que fazemos conosco criam infinitas tarefas inacabadas que não progridem e geram conflito e estresse internos. Assim que você estabelece um compromisso consigo, que permanece inacabado, sua mente exigirá e usará a energia psíquica até que ele tenha sido finalizado. É o karma mental. "Eu preciso de leite" e "Eu preciso decidir se vou ou não comprar essa empresa" ocupam espaço na memória RAM psíquica.[36]

Precisamos de métodos, técnicas e recursos porque nossa mente, sozinha, não dá conta de armazenar, organizar e encaminhar a execução de todas as demandas para as quais fomos chamados.

---

35 David Allen, A arte de fazer acontecer (Rio de Janeiro: Elsevier, 2005), p. 19.
36 David Allen, Gerencie sua mente, não seu tempo (São Paulo: Landscape, 2007), p.53.

Bons métodos aumentarão a efetividade do nosso trabalho, permitindo uma melhor gestão de nossa energia, de nosso tempo, de nosso dinheiro e de nosso foco. Pare de confiar em sua mente.

MÉTODOS: OS SISTEMAS DA PRODUTIVIDADE

Qualquer passeio rápido em uma livraria colocará você diante de uma infinidade de títulos propondo métodos de produtividade pessoal. São tantas propostas que corremos o risco de travar diante da escolha, ou de ficar insatisfeitos, pensando no que teria acontecido se tivéssemos escolhido outro caminho — lembra-se do paradoxo da escolha?

Mas graças a Deus pela curadoria. Podemos escolher curadores, pessoas que já experimentaram ou conhecem o suficiente para nos indicar caminhos, diminuir as opções e nos proporcionar maior tranquilidade.

Neste capítulo, eu serei seu curador. E vou sugerir a você apenas dois métodos básicos que, na minha observação e análise, têm maior efetividade prática. É claro que outras pessoas podem se dar muito bem com outros métodos, mas, como desejamos simplificar, e não complicar, comecemos por esses dois.

O primeiro lida com um modo de observar e classificar todas as nossas demandas; o segundo providencia um fluxo de trabalho (*workflow*) que nos permite lidar com os projetos e tarefas de um modo organizado e efetivo.

Lembre-se de que aqui não nos aprofundaremos no assunto. A ideia é termos uma visão panorâmica da metodologia. Indicarei as obras para que você possa aprofundar o conhecimento, caso assim deseje.

O primeiro método é de um autor brasileiro: Christian Barbosa. Recebeu o nome de "A tríade do tempo". A premissa básica dessa metodologia é a de que todas as nossas demandas podem ser classificadas em três categorias fundamentais: demandas importantes, urgentes e circunstanciais.

Essa proposta está apresentada no livro que tem o mesmo título: A tríade do tempo[37]. Para resumir a descrição de Barbosa, demandas importantes são aquelas que estão conectadas aos nossos valores e grandes objetivos na vida; demandas urgentes são aquelas que têm prazo de cumprimento — e cujo prazo está perto do fim; e demandas circunstanciais são todas as demais tarefas e projetos que não precisam ser cumpridos rapidamente nem apresentam grande relevância no quadro geral de nossa vida. Eu vou um pouco além, e descrevo projetos e demandas importantes como aqueles que produzem impacto para a eternidade (embora isso não se aplique, necessária e especificamente, a cada projeto ou tarefa).

Em termos práticos, imagine que cultivar uma família temente a Deus seja um projeto importante (que demanda tarefas como o culto doméstico diário); pagar a conta de energia que vence amanhã seria uma tarefa urgente; e ajudar um amigo a encontrar uma foto da viagem que vocês fizeram em 2015 (porque ele lembra como ficou engraçada) é uma tarefa circunstancial.

---

[37] Op. Cit.

"Bons métodos aumentarão a *efetividade do nosso trabalho*, permitindo uma melhor gestão de nossa energia, de nosso tempo, de nosso dinheiro e de nosso foco. *Pare de confiar em sua mente.*"

A provocação de Barbosa é que, em nossa falta de intencionalidade e clareza, a "organização" típica de nossa vida fica da seguinte maneira: a maior parte de nossos projetos e tarefas se situa no campo circunstancial, gastando a maior parte do nosso tempo em tarefas irrelevantes; em seguida, gastamos tempo com as demandas urgentes, porque os prazos nos pressionam a cumpri-los; e, se sobrar tempo, dedicamo-nos a fazer algo importante.

Isso acontece porque os projetos e tarefas importantes dificilmente produzem senso de realização ou frutos imediatos. Trabalhar seu caráter é a caminhada de uma vida. Instruir seus filhos no temor do Senhor leva muitos dias de cultos domésticos em que seus filhos parecem não estar "nem aí". Aprender um idioma que abrirá novos caminhos profissionais demanda passar por aulas entediantes e difíceis.

Por outro lado, as tarefas circunstanciais normalmente oferecem prazer imediato. Você tem uma nova dose de dopamina sempre que rola a tela para cima, para ver o próximo vídeo no *YouTube*, no *Instagram* ou no *TikTok*. A recompensa é imediata, embora o impacto de longo prazo sobre a vida seja irrelevante ou até mesmo ruim.

Então, Barbosa propõe a reorganização de nossa vida. Reestruturar os projetos e as tarefas para investirmos a maior parte do tempo naquilo que é importante, depois no que é urgente e, se sobrar tempo, nas atividades circunstanciais.

Agora é chegada a hora de você fazer dois exercícios. Primeiro: pegue uma folha de papel em branco e liste todas as tarefas que você realizou ontem. Liste o máximo possível, desde escovar os dentes, checar o WhatsApp, curtir fotos no

Instagram, enviar e-mails e dar banho nas crianças até preparar relatórios e participar de reuniões profissionais. Você ficará impressionado com o tanto de tarefas. Depois de listar, categorize as tarefas segundo a tríade do tempo: importantes, urgentes e circunstanciais. Se a maior parte do tempo foi desperdiçada em tarefas circunstanciais, não se desespere: a maioria das pessoas que fizeram esse exercício chegou à mesma conclusão. Esse exercício permite que você tenha clareza sobre como está usando seu tempo.

Vamos para o segundo exercício: reestruture seu dia para dedicar a maior parte dele às tarefas importantes, a segunda parte às tarefas urgentes e a menor parte às tarefas circunstanciais. Se desejar aplicar uma proporção, pense em algo semelhante a 60%, 30% e 10%.[38] Faça um plano do seu dia, listando os projetos e as tarefas dentro dessa estrutura. Agora você tem um mapa para caminhar pelo dia de forma a apontar para a eternidade. Expanda isso para a semana, o mês, o semestre e o ano.

O segundo método recebeu o apelido de "GTD", que vem do termo *"getting things done"*. Em tradução livre, isso significa "fazendo as coisas" ou "concluindo as coisas", mas o livro que nos apresenta o método do autor David Allen foi traduzido como "A arte de fazer acontecer".[39]

Esse método providencia uma moldura mental e prática para lidarmos com os diversos projetos e tarefas da vida, sem perdermos a sanidade. Allen desenha um fluxo de trabalho (*workflow*)

---

38 Barbosa é mais ousado e estabelece como ideal a proporção 70%-20%-10%. Cf Barbosa, Op. cit., p.59.
39 Op. Cit.

COMO (NORMALMENTE) É:

COMO DEVE SER:

que, internalizado, nos ajuda nos diversos pilares da produtividade antes mencionados: clareza, método, mentalidade e energia.

Para uma compreensão mais detalhada, você precisará ler a obra de Allen (o outro Allen) ou assistir a vídeos que explicam e aplicam, mas antes entenda a estrutura básica do fluxo de trabalho.

A premissa do GTD é a de que nossa produtividade depende do estado de nossa mente. Uma mente calma e clara é fundamental para não ficarmos perdidos e esgotados. Por isso é necessário contar com um sistema confiável que nos permita não apenas saber quais são nossas demandas, mas também tomar decisões conscientes sobre o que fazer e o que não fazer. Esse sistema envolve cinco etapas: (1) coletar, (2) processar, (3) organizar, (4) revisar e (5) fazer.

Tudo começa pela coleta. Cada demanda que aparece deve ser registrada — retirada de nossa mente e depositada em uma "caixa de entrada", que pode ser um caderno, uma bandeja de entrada etc. Sua esposa pediu para trazer pão? Anote. Você se lembrou que precisa abastecer o carro? Anote. Chegou a carta de um amigo? Coloque na bandeja de entrada. Nós já temos algumas caixas de entrada preestabelecidas, como o *e-mail* e o *WhatsApp*, mas a possibilidade de nos perder entre as demandas que surgem nesses espaços é grande, por isso precisamos de um sistema que simplifique as coisas. Ainda não é hora de tomar decisões; em primeiro lugar, limite-se a coletar. Parte do nosso problema é que, no meio de tantas demandas, não temos a disciplina de coletar. Isso deixa as tarefas na mente, ocupando espaço mental e contribuindo para nossa confusão e perda de energia.

Depois de coletar, é chegada a hora de processar. Agora você lidará com suas caixas de entrada, observando as diferentes demandas e buscando responder a perguntas básicas como: "O que é isso?", "Isso é passível de ação?" e "Qual é a próxima ação?". Essas perguntas são importantes porque chegarão muitos itens em nossa caixa de entrada que nem mesmo reconhecemos. Veja sua caixa de entrada de e-mails, ou sua caixa do correio, ou sua bandeja de entrada na mesa de trabalho. Ali podem estar envelopes desconhecidos, e-mails de estranhos, spams e anotações que um colega de trabalho simplesmente deixou ali. O processamento nos permite reconhecer as demandas e tomar decisões a seu respeito. Ali também haverá itens que não demandam ação, como, por exemplo, o cupom fiscal de uma compra, o manual de um eletrodoméstico ou um ofício recebido. Em breve, faremos algo com eles, mas esses documentos não demandam ações como em um projeto de vários passos.

Em relação aos documentos que demandam ação, Allen sugere que, nessa etapa, aquilo que levar menos de dois minutos para ser realizado deve ser feito de imediato. Se no seu caderno você anotou: "parabenizar minha esposa pelo almoço de hoje", pegue o celular imediatamente e envie aquela mensagem no *WhatsApp* cheia de amor em menos de dois minutos. Se a ação seguinte levar mais de dois minutos, então você terá de adiar — agendando no calendário ou colocando em uma lista de próximas ações para fazer assim que possível — ou delegar, se a ação não tiver de ser realizada por você.

A terceira etapa consiste em organizar. Agora, sim, faremos um trabalho de categorização das demandas. Aquilo que chegou às nossas caixas de entrada e não demanda ação deve ser simplesmente jogado fora, se for lixo, ou armazenado, seja em um arquivo de referência distante (no caso de cupons fiscais e manuais), ou em um arquivo de referência rápida — para estar facilmente à mão em caso de necessidade (pense em seus documentos de identidade, CPF, título de eleitor etc.). Entre os itens que demandam ação, se estivermos lidando com algo que demande múltiplos passos, isso deve ser categorizado como um projeto. "Comprar pão" pode ser algo mais simples e direto, mas "estudar para o concurso" ou "organizar a viagem de férias da família" são projetos que demandam muitos passos que devem ser cumpridos gradativamente — por isso o melhor caminho é criar uma lista para cada projeto: "concurso", "viagem de férias", "acampamento da igreja" etc. Nessa lista, podemos trabalhar o foco para saber o que fazer e quando fazer.

A quarta etapa é revisar. Allen providencia uma imagem[40] interessante que eu adapto aqui. Imagine que você tenha anotado no aplicativo "Notas" do seu celular (você o escolheu como sua principal caixa de entrada) a seguinte demanda: na volta para casa, comprar pão e leite no supermercado. Você já deu o ótimo passo de tirar a demanda da cabeça, para não ocupar espaço desnecessário ao longo do dia e permitir que você trabalhe com mais foco. Ao final do dia, você volta para casa e passa no supermercado. Mas, distraído, compra o pão, pega umas frutas e chega em casa, apenas para ouvir sua esposa perguntar: "Onde está o leite?". Essa falha aconteceu por um simples problema: você não revisou a demanda antes de executá-la. A revisão reforça a

---
40 Op. Cit. p.38

clareza e aumenta o foco. A revisão também permite a avaliação em diferentes momentos da execução dos projetos. Uma revisão diária permite que você veja se caminhou bem. Uma revisão semanal possibilitará a reorganização da caminhada caso algo tenha saído do rumo.

A quinta etapa consiste em fazer. Todo o trabalho de organização existe para viabilizar uma execução mais efetiva. Não adianta apenas criar listas, usar marcadores coloridos e post-its, desenhar tabelas, e nunca começar a estudar efetivamente para o ENEM ou para o concurso. Não adianta organizar toda a louça e ter as facas mais belas e afiadas lindamente dispostas se você nunca preparar o almoço. É preciso entrar no modo focalizado de execução das nossas responsabilidades, observando os projetos e as próximas ações já listadas.

Allen nos apresenta um diagrama para facilitar a visualização do fluxo, como você pode observar a seguir.

Embora o GTD tenha mais etapas do que a tríade do tempo, quero convidá-lo a fazer esse teste por dois dias, inicialmente. O exercício inicial consiste em definir caixas de entrada e coletar todos os itens e demandas recebidos. Usar uma folha de papel para listar todas as demandas do dia, como no exercício proposto na tríade do tempo, também pode ser útil aqui. Em um primeiro momento, haverá maior demanda de tempo e de energia. Mas, à medida que o fluxo vai sendo assimilado, ganhamos desenvoltura e passamos a poupar muito mais tempo e energia na resposta aos chamados de Deus para nossa vida. Então, dedique a maior parte do primeiro dia à coleta, ao processamento, à organização e à revisão. A partir daí, você poderá tomar as decisões

DIAGRAMA GTD

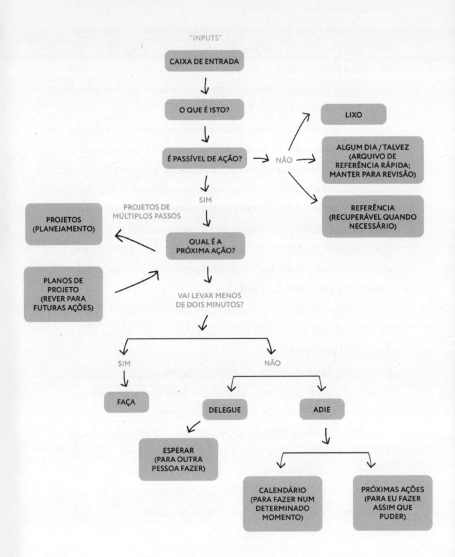

necessárias para executar as tarefas na segunda parte do primeiro dia e no segundo dia.

É importante lembrar que esse é um sistema a ser usado continuamente, pois nós recebemos inputs a toda hora. Por isso, vale a pena dedicar alguns momentos do dia a essas etapas específicas. De outra forma, ficaremos reféns da caixa de e-mail e do *WhatsApp*.

Pessoalmente, tenho usado uma combinação desses métodos. A tríade do tempo me permite observar os projetos e as tarefas em que tenho me envolvido, considerar se estão alinhados com as prioridades bíblicas e corrigir o uso do tempo dedicado a cada categoria. O GTD me proporciona um sistema a cada momento para lidar com os diferentes projetos nas diferentes áreas de responsabilidade em que sirvo, identificando com clareza, percebendo cada passo e tomando decisões com sabedoria quanto ao que fazer e ao que não fazer.

TÉCNICAS: AS ESTRATÉGIAS DA PRODUTIVIDADE

Os métodos funcionam como sistemas abrangentes. Mas a operacionalização pode adquirir maior efetividade quando adotamos estratégias para a execução das etapas do sistema.

Parte de nossa dificuldade na hora de servir envolve a ausência de planejamento e visão clara, e, como vivemos em uma era com excesso de informações, a gestão de nossa atenção (foco) tornou-se cada vez mais difícil. Por isso, técnicas que facilitem o planejamento e o foco são dádivas preciosas para a produtividade redimida.

A primeira técnica que nos ajuda no planejamento é proposta por Geronimo Theml no livro Produtividade para quem quer tempo.[41] Ele a chama de DRD (sigla para Descarregar, Reunir e Distribuir). Seu foco é o planejamento semanal, mas as possibilidades de aplicação são diversas. E, como o termo diz, trata-se de três etapas básicas. Em primeiro lugar, fazemos o "descarrego" (com o perdão do trocadilho). Pegamos uma folha em branco e listamos todas as nossas demandas. Anote tudo o que puder. Depois passaremos ao momento de reunir. Aqui, percebemos pontos de identificação entre as diferentes demandas e as reunimos em blocos maiores, ou categorias próprias. Por fim, distribuímos as demandas em um plano semanal, pegando outra folha e traçando uma tabela com os dias da semana e os turnos em que pretendemos trabalhar.

Imagine que, em sua folha em branco, você anotou demandas como: comprar pão, levar o cachorro para passear, reunir-se com o chefe, preparar a apresentação do departamento, abastecer o carro, levar a esposa para jantar fora, ensaiar com a equipe de música da igreja, enviar e-mail ao fornecedor, trocar a lâmpada do banheiro. Com essa lista em mãos, você perceberá áreas comuns — casa, família, igreja e trabalho — e reunirá suas tarefas por categorias. Agora, olhando para a semana seguinte, você decidirá quando executará cada tarefa. Por exemplo, na segunda pela manhã, você cuidará das demandas da casa, trocando a lâmpada e levando o cachorro para passear. Na terça à tarde, lidará com algumas demandas do trabalho, como o e-mail a ser enviado ao fornecedor e a reunião com o chefe (obviamente, seu horário de trabalho deve ser todos os dias

---

41   Op. Cit. p.127.

por algumas horas, mas entenda que estou apenas ilustrando o ponto). Na quarta à noite, você cuidará das demandas da igreja, como, por exemplo, o ensaio da equipe de música (ou alguma outra atividade relacionada). Na quinta à noite, você lidará com a demanda da família, levando sua esposa para jantar fora. Ter esse plano em mãos no fim da semana anterior ou no início da semana em curso permitirá maiores clareza e intencionalidade na caminhada, reduzindo a confusão, a ansiedade e a procrastinação.

Mas o problema do foco persiste. Eu sou a prova viva disso. O excesso de estímulos tem contribuído, de forma significativa, para a sobrecarga do "espaço atencional", como descreve Chris Bailey (Hiperfoco)[42], e por isso estamos cada vez mais distraídos e com menor capacidade de concentração. Bailey afirma que nossa mente acaba por divagar em 47% do tempo.[43] Isso significa que praticamente metade do nosso tempo de trabalho é prejudicada por distrações que vêm de fora ou por distrações autoimpostas. Ele registra, com base nessa pesquisa, que, quando estamos trabalhando ao computador, só conseguiremos nos concentrar por quarenta segundos até sermos distraídos.

Independentemente dos livros e estudos, olhe para a realidade ingênua (como diria Dooyeweerd): quantas vezes você começou tarefas, ficou disperso com diferentes notificações no celular, passou para as redes sociais e seguiu para outras tarefas insignificantes, de modo que terminou o dia cansado por ter corrido muito, mas sem ter realizado nada concreto?

---

[42] Op. Cit. Posição 449. Edição eletrônica: "'Espaço atencional' é o termo que uso para descrever a quantidade de capacidade mental que temos disponível para nos concentrar e processar as coisas no momento".

[43] Op. Cit. Posição 497. Edição eletrônica.

A pergunta é: Como podemos crescer na gestão de nossa atenção? Como podemos permanecer focalizados nesse cenário?

Existem diversas estratégias. Limpar o ambiente de trabalho, para ter o mínimo de estímulo visual, ajuda. Desativar todas as notificações, mantendo o celular fisicamente distante de você, também ajuda. Mas eu me comprometi a apresentar outra técnica, que, de certa maneira, é uma variante da proposta de hiperfoco do Chris Bailey. Porém, a técnica é mais modesta e recebe o simples nome de "pomodoro".

A história do nome é inusitada, pois o método nada tem a ver com molho ou tomate. Ou quase nada. Você já viu aqueles pequenos timers de cozinha? Eles têm diferentes formatos, sempre nos remetendo a algo da própria cozinha. O nome da técnica vem de um timer de cozinha que tinha o formato de um tomate (pomodoro, em italiano).

O princípio do método pomodoro é simples: trabalhar sem previsões ou intencionalidade nos deixa mais propensos às distrações. Não respeitamos os limites de nossa mente e, assim, ficamos longas horas, porém de forma improdutiva, transitando entre diferentes tarefas ou distrações. Melhor seria se limitássemos o tempo de concentração a um período definido e comprometido, no qual nada mais ocuparia nosso "espaço atencional" e, depois desse período, reservaríamos um intervalo para descansar a mente.

O pomodoro clássico trabalha com blocos de 25 minutos de concentração e cinco de relaxamento. Faríamos isso por quatro vezes, com um intervalo maior da última vez, de dez a 15 minutos. Imagine que você tenha um livro para ler. Você passa uma manhã inteira com o livro nas mãos. Começa às oito da manhã, lê dez páginas e sofre a primeira interrupção, que vem do seu celular. Recebe a notificação da mensagem de um amigo, então faz uma pausa para responder. Aproveita e olha as mensagens de seus diversos grupos, respondendo a outros amigos — e já despendeu algo em torno de 15 a vinte minutos. Como o celular facilita tudo, você já clica no botão ao lado e abre o Instagram. Então, você passa mais vinte minutos nessa rede social, visualizando, curtindo e comentando fotos e vídeos. Em seguida, você se lembra da sua tarefa. Já são 8h50min. Lê mais dez páginas e recebe uma nova notificação, agora em seu e-mail. Aproveita para dar uma olhada na caixa de entrada dos e-mails, e o ciclo se repete. Mais trinta a quarenta minutos são perdidos, e você atinge, às 9h50min, vinte páginas. Nesse ritmo, você terá lido, até a hora do almoço, cerca de quarenta páginas. Quase quatro horas para ler quarenta páginas, em um ritmo de uma página por minuto com incontáveis interrupções.

    Agora, visualize o mesmo projeto aplicando o pomodoro. Você se prepara para 25 minutos de foco total. Desativa as notificações e coloca o celular longe de você. Então, lê atentamente no primeiro pomodoro. Se o ritmo se mantiver — cerca de uma página por minuto —, no primeiro bloco você já terá lido 25 páginas. Então, o cronômetro dá o sinal e você para por cinco minutos. Estica as pernas, bebe água... respira. Prepara-se para mais 25 minutos. O cronômetro dá o sinal e você segue para mais um pomodoro focado. Você sabe que é um tempo limitado, e você teve um período de recuperação. Você sabe que uma única tarefa importa agora. Então, consegue caminhar melhor. Conclui o segundo bloco com a leitura de cinquenta páginas no total.

Em uma hora, você terá lido mais do que em quatro horas de trabalho disperso. Ainda poderia relaxar mais cinco minutos e voltar para o terceiro pomodoro, atingindo 75 páginas, relaxando mais cinco minutos e chegando ao último pomodoro, no qual concluiria cem páginas. Agora você teria um intervalo de 15 minutos, no qual pode olhar o celular e mexer nas redes. Você conseguiu!

É claro que o papel aceita mais do que a realidade. Mas a técnica do pomodoro tem sido transformadora na vida de muitas pessoas, inclusive na minha. Entre 2013 e 2014, passei muito tempo perdido na escrita de minha dissertação e, quando adotei o método pomodoro, meu ritmo de escrita foi outro. Passei a adotar essa técnica para quase tudo. Agora mesmo, enquanto escrevo esta obra, a técnica do pomodoro está presente.

O DRD e o pomodoro podem transformar sua semana e seu dia. Faça o teste.

RECURSOS: OS INSTRUMENTOS DA PRODUTIVIDADE

Métodos providenciam o sistema, técnicas organizam estratégias e recursos são os instrumentos pelos quais realizamos as tarefas. Existem inúmeros recursos de produtividade disponíveis no mercado. Em uma sociedade viciada em tecnologia e realizações, as opções de ferramentas crescem exponencialmente. É claro que nem todas nos tornam mais produtivos, pois, se você compreendeu bem o ponto de vista deste livro, o problema da produtividade é, em primeiro lugar, um problema do coração. Não adianta contar com os melhores métodos, técnicas e recursos se seu coração estiver no lugar errado.

Como nos pontos anteriores, quero apresentar dois recursos úteis que eu também utilizo pessoalmente. Como nos pontos anteriores, a apresentação não será profunda e eu remeterei você a outras obras que o ajudem a compreender melhor a forma de usar esses recursos.

O primeiro deles é um recurso digital. Trata-se de um aplicativo chamado Todoist. Esse app pode ser uma simples lista de tarefas, ou pode seguir a lógica do GTD e se transformar em uma poderosa ferramenta para coletar, processar, organizar e revisar seus projetos e tarefas. A forma mais simples de integrá-lo ao sistema GTD é anotando nele cada tarefa ou cada informação assim que forem surgindo. No meu celular, eu uso um widget que deixa o Todoist na minha tela de abertura. Quando surge uma ideia, um pedido, uma informação ou uma lembrança, basta clicar no botão + e adicionar na caixa de entrada do Todoist. Em um momento posterior, seguirei os outros passos, processando as entradas e organizando-as segundo as categorias fundamentais. A cada dia, antes do serviço, dou uma olhadinha no Todoist e tenho uma noção das tarefas para o dia, ou das próximas ações para os projetos nos quais estou envolvido. E, com essa revisão, a execução fica bem mais fácil.

Se você deseja uma descrição ainda mais pormenorizada e prática de como usar o Todoist, recomendo o livro Faça mais e melhor[44], no qual Tim Challies nos mostra o passo a passo para

---

44 Op. Cit.

usarmos bem essa ferramenta, com dicas preciosas sobre revisão diária e revisão semanal.

A apresentação do último recurso ficou para o final de propósito. Para alguns, esse recurso vai soar contraintuitivo, mas eu vou desenvolver o argumento brevemente aqui.

O resumo do ponto é: o excesso de conectividade não está nos fazendo bem. A tecnologia contemporânea nos prometeu um tipo de redenção: nós ganharíamos tempo, liberdade, paz... mas essas promessas eram falsas. Não apenas não conseguimos nada disso, como também nos tornamos escravos da tecnologia. A exposição a telas tem afetado nossa cognição e nosso sono, nossa capacidade de concentração tem sido afetada, estamos mais acelerados e ansiosos, nossos pensamentos são mais rasos, procrastinamos com maior facilidade e não respeitamos os limites do nosso corpo com multitarefas.[45]

Os meios digitais são uma bênção, mas também uma maldição. O ritmo digital não é o ritmo da vida. E a tentativa de acompanhar essa velocidade está nos fazendo correr demais, e adoecer no processo. Senti isso na pele em minha assimilação da Palavra de Deus. Passei a fazer minha devocional usando um app de Bíblia no celular ou no tablet, dependendo do dia. Porém, com o tempo, fui percebendo que o acesso à tela afetava minha própria disposição diante do texto. Disposição acelerada, impaciência, superficialidade na leitura, distração com links... Decidi, então, voltar à Bíblia de papel.

---

45 Vários desses problemas têm sido registrados por estudiosos e autores como Nicholas Carr, Sherry Turkle e Cal Newport. Confira também os livros de Tony Reinke publicados pela editora Fiel.

183

Não me entenda mal. O problema último sempre será nosso coração, e isso significa que, mesmo lendo Bíblias de papel, podemos ser superficiais na vida com Deus. Mas a questão é que os meios digitais alteram nosso ritmo e dificultam o foco e a caminhada consciente.

Por isso, o último recurso é o bom e velho papel. Desprezado por muitos como "antiquado", abandonado por outros como "antiecológico", o papel permite um ritmo mais pausado, que privilegia ações mais conscientes e, assim, maior foco.

Eu uso dispositivos digitais; como já mencionei, o Todoist está no meu celular, registro tudo no Notion e o pomodoro timer é um dos apps mais usados no computador. Mas eu começo o dia analogicamente, e me esforço para usar menos telas e mais papel o máximo possível — e tenho bons resultados. Faço o planejamento da semana em um caderno — junto ao Todoist, uso um caderno como caixa de entrada de ideias e demandas, esboço sermões, aulas e palestras por ali. Isso porque, no fluxo analógico, a coerência entre mente e mãos permite outro nível de atenção e efetividade. Seu caderno é uma arma poderosa, esperando para ser utilizada. Uma forma interessante de uso é como Bullet Journal e um bom livro para isso é Diário em tópicos, de Rachel Wilkerson Miller,[46] ou os planners e journals da Purpose Paper, que trabalham a organização da vida a partir da visão cristã de mundo.

Agora, você já olhou para as motivações do seu coração, considerou os pilares e a dinâmica da produtividade redimida e tem em mãos métodos, técnicas e recursos para glorificar a Deus de forma prática no mundo. O que mais poderíamos desejar? Conto a você na próxima parte.

---

46 Rachel Miller, Diário em tópicos (Rio de Janeiro: Sextante, 2017).

"*O ritmo digital não é o ritmo da vida.* E a tentativa de acompanhar essa velocidade está nos fazendo correr demais, e *adoecer no processo.*"

TESTE E ESCOLHA O SEU MÉTODO

A TRÍADE DO TEMPO (CHRISTIAN BARBOSA)

Proposta: reestruturar os projetos e tarefas para investir a maior parte do tempo no que é importante, depois no que é urgente e, se sobrar tempo, nas tarefas circunstanciais.

TESTANDO:

1º passo:

1. Primeiro: no espaço abaixo, liste todas as tarefas que você realizou ontem. Liste o máximo possível, desde escovar os dentes, checar o WhatsApp, curtir fotos no Instagram, enviar e-mails, dar banho nas crianças até preparar relatórios e participar de reuniões profissionais. Você ficará impressionado com o tanto de tarefas.

2. Depois de listar, no espaço abaixo, categorize as tarefas segundo a Tríade do tempo: importantes (tarefas que estão conectadas aos seus valores e grandes objetivos na vida, que possuem impacto na eternidade, conforme acrescenta o autor), urgentes (tarefas que possuem limite de tempo para serem cumpridas, cujo prazo está perto do fim) e circunstanciais (tarefas e projetos que não precisam ser cumpridos rapidamente nem possuem grande relevância no quadro geral de nossa vida).

Após categorizar, analise: se a maioria do tempo foi desperdiçada em tarefas circunstanciais, não se desespere, pois a maioria das pessoas que fez esse exercício chegou à mesma conclusão. Esse exercício permite que você tenha clareza sobre como está usando o seu tempo!

Estudar inglês 4x na semana, durante 1h	IMPORTANTE
Pagar boleto do convênio até o dia 10/07	URGENTE
Imprimir foto da família para atualizar quadro	CIRCUNSTANCIAL

2º passo:

Reestruture o seu dia para dedicar a maior parte dele às tarefas importantes, a segunda parte para tarefas urgentes e a menor parte para tarefas circunstanciais. Se desejar uma proporção, pense em algo semelhante a 60%, 30% e 10%. Faça um plano do seu dia, listando os projetos e tarefas dentro dessa estrutura.

HORA/TAREFAS	CATEGORIA (URG./IMP./CIRC.)
6:00 *Fazer devocional por 30min*	*Importante*

2. Agora você tem um mapa para caminhar pelo dia de forma a apontar para a eternidade. Expanda isso para a sua semana, mês, semestre e ano. Para esses propósitos, considere usar um planner físico ou digital (como o Purpose Planner ou Purpose Notion), conforme sua preferência!

A ARTE DE FAZER ACONTECER (DAVID ALLEN)
Getting Things Done (GTD) - Concluindo as coisas
Proposta: ajudar nos pilares de clareza, método, mentalidade e energia

1	Coletar: cada demanda que aparece deve ser registrada (isto é, retirada da nossa mente e depositada em uma "caixa de entrada" que pode ser um caderno, uma bandeja de entrada). O foco aqui é tão somente coletar, não precisamos tomar decisões agora.
2	Processar: (o que é isso? é passível de ação? qual é a próxima ação? PS.: Aquilo que levar mais de 2 minutos, realize imediatamente).
3	Organizar: categorização das demandas. 1. O que chegou na caixa de entrada e não demanda ação, deve ser jogado fora. 2. Se houver algo que demande múltiplos passos, deve ser categorizado como projeto, ao que se aconselha que sejam criadas listas para cada projeto a fim de trabalhar foco e saber "o que fazer" e "quando fazer".
4	Revisar: revisar a tarefa antes de executá-la. Quando se tratar de um projeto, permite a avaliação em diferentes momentos de sua execução. Revisão diária permite ver se caminhou bem. Revisão semanal possibilita a reorganização da caminhada caso algo tenha saído do rumo.
5	Fazer: entrar no modo focado de execução das tarefas e responsabilidades, observando os projetos e próximas ações já listadas.

TESTANDO:

1º passo (1º dia):

1. Use o espaço a seguir como sua caixa de entrada e liste todas as demandas do seu dia de hoje ou de amanhã. *Após o teste, defina uma caixa de entrada permanente (que pode ser um bloco de notas, aplicativo Todoist, entre outros) para que possa ir coletando as demandas recebidas à medida que elas chegam.*

2. Após coletar, volte à lista acima e processe as demandas respondendo:

O que é isso?
É passível de ação?
Qual é a próxima ação?

Atenção: aquilo que levar menos de 2 minutos, realize imediatamente.

3. Após processar, organize as demandas da seguinte maneira:
a) O que não demanda ação, deve ser jogado fora (risque da lista).
b) Se houver algo que demande múltiplos passos, deve ser categorizado como projeto, ao que se aconselha que sejam criadas listas para cada projeto a fim de trabalhar com foco e saber "o que fazer" e "quando fazer".

4. Após organizar, revise a tarefa antes de executá-la. **Lembre-se: a revisão diária permite ver se você caminhou bem enquanto a revisão semanal possibilita a reorganização da caminhada caso algo tenha saído do rumo.**

2º dia:

5. No segundo dia de teste, você poderá tomar as decisões necessárias para executar as tarefas.

LEMBRE-SE:

1 — Esse é um sistema para ser usado continuamente, pois recebemos *inputs* a toda hora. Vale a pena dedicar momentos no dia para essas etapas específicas.

2 — Esses métodos podem ser combinados. A tríade do tempo permite observar os projetos e tarefas aos quais se está envolvido e considerar se estão alinhados com as prioridades bíblicas. O GTD permite um sistema a cada momento para lidar com diferentes projetos nas diferentes áreas de responsabilidade.

PRODUTIVIDADE PARA QUEM QUER TEMPO (GERÔNIMO THEML)
Descarregar, Reunir e Distribuir (DRD)

Proposta: fazer um planejamento semanal (mas as possibilidades de aplicação são diversas)

TESTANDO:

1º passo: *descarregue*

No espaço abaixo, liste todas as suas demandas. Anote tudo o que puder.

2º passo: *reúna*

Perceba pontos de identificação entre as diferentes demandas e as reuna em blocos maiores ou categorias próprias (importante, urgente ou circunstancial ou por área da vida - pessoal, espiritual, vocacional, missional, relacional).

IMPORTANTE	URGENTE	CIRCUNSTANCIAL

ESPIRITUAL	PESSOAL	SOCIAL	VOCACIONAL	MISSIONAL

3° passo: *distribua*
Distribua as demandas em um plano semanal. Na tabela semanal a seguir, defina em que tarefa pretende trabalhar em cada dia da semana e em quais turnos:

Segunda	Terça	Quarta	Quinta	Sexta	Sábado	Domingo

> Ter esse plano no fim da semana anterior ou no início da semana permitirá maior clareza e intencionalidade na caminhada, reduzindo a confusão, ansiedade e a procrastinação.

Após testar e definir qual método se adequa mais a você e a sua realidade, tenha em mente algumas estratégicas para se manter focado:

- Limpe o seu ambiente de trabalho para ter o mínimo de estímulo visual;
- Desligue todas as notificações e mantenha o seu celular fisicamente longe;
- Considere utilizar o timer do Pomodoro: 4 blocos de 25 minutos com atenção focada e intervalos de 5min de descanso (pausa). No 5° bloco, o intervalo de descanso é maior (de 10 a 15min);

- Defina qual será sua caixa de entrada, ou seja, em qual local você anotará as demandas que chegam até você, e não deixe de anotar sempre que alguma demanda chegar;
- A cada dia, antes de iniciar, dê uma olhada para ter uma noção das tarefas do dia ou das próximas ações para os projetos nos quais você está envolvido. Com essa revisão, a execução ficará mais fácil;
- Considere começar o dia analogicamente: faça um esforço para usar menos telas e mais papel o máximo possível;
- Faça o seu planejamento da semana em um caderno/planner.

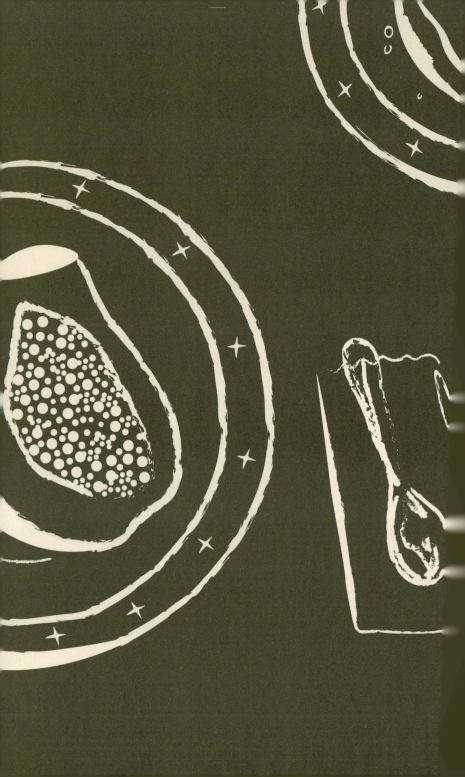

PARTE 3

*TRABALHANDO O SER PARA,
ENTÃO, FAZER*

9
COMO SE CONSTRÓI UM CASTELO?

O mundo tem um modelo de produtividade e provavelmente você já assimilou essa proposta. Quando você pensa em produtividade, possivelmente as imagens em sua mente envolvem homens de terno em reuniões de negócios, mulheres empreendedoras e donas do próprio nariz; talvez também imagens de carros e joias, pois a riqueza é a marca do sucesso, e certo senso de importância diante das outras pessoas.

Talvez você tenha chegado até aqui ainda carregando essas imagens, embora este livro tenha caminhado no sentido de apresentar uma noção diferente do que é ser produtivo. Então, nesta última seção do livro, quero ajudá-lo a pensar no que consiste uma vida produtiva para além do cumprimento de tarefas.

Talvez tenhamos de começar redefinindo sucesso, a fim de nos livrar dessas imagens impregnadas em nossa mente e em nosso coração. Lembre-se do jovem rico. Ele tinha as duas características mais valorizadas em nossa cultura: juventude e riqueza. Além disso, era moralmente aprovado, obedecendo ao que podia das leis. Mas o essencial lhe faltava: Cristo.

Jesus também questiona a utilidade de alguém crescer profissionalmente sem o foco adequado. Ele nos conta sobre um homem altamente "produtivo", cujos campos produziam com tanta abundância que ele considerara derrubar seus celeiros e construir outros maiores, para dar conta de todos os seus bens. Esse homem "bem-sucedido" pensava que, por causa de sua vasta colheita e da quantidade de bens, poderia dizer à sua alma: "Descansa, come, bebe e regala-te" (Lc 12.19). Mas a esse homem Deus lembrou que todo sucesso do mundo sem um coração alinhado e um foco ajustado seria inútil: "esta noite te pedirão a alma, e o que tens preparado, para quem será?" (Lc 12.20).

Sucesso não é conquistar muito, assim como produtividade não é fazer muito. Sucesso é cumprir o que Deus nos chamou para fazer, ainda que não vejamos resultados imediatos disso. Lembre-se dos profetas. Dificilmente alguém os chamaria de "homens de sucesso", pois a tarefa deles consistia em falar a homens que rejeitariam as suas palavras. Mas eles foram fiéis no cumprimento do seu chamado. Isso é sucesso.

Da mesma forma, produtividade não é fazer muito. Alguém pode estar sempre ocupado e não ser produtivo, pois não realiza efetivamente nada. Alguém pode ser um grande realizador, mas não seguir a direção correta da vida, o que torna suas realizações irrelevantes para a eternidade. Na Introdução, defini produtividade como "responder aos chamados de Deus para a sua vida com excelência" — isso envolve ter motivações e metas distintas, enquanto aplicamos os métodos para servir. Francis Schaeffer falava da "verdadeira espiritualidade". Talvez nós devamos falar da "verdadeira produtividade".

Muitos livros de produtividade nos ajudam com métodos para sermos "realizadores". Mas a busca por realização pode ofuscar o caminho que aponta para a eternidade e, em nossa lista de prioridades, podemos perder de vista as prioridades de Deus para nós. Por isso, temos de reinterpretar o que é uma vida produtiva à luz de nossa identidade e de nosso propósito em Cristo. Glorificar a Deus com verdadeira produtividade é seguir o caminho da obediência aos dois grandes chamados do Senhor: amar a Deus sobre todas as coisas e amar ao próximo como a nós mesmos (Mt 22.37-39). Essa é a trilha que confere sentido às tarefas do dia a dia, conectando-as à jornada para a eternidade.

Amar a Deus e ao próximo adequadamente só pode ser realizado pela graça de Deus, no poder do Espírito. Além disso, temos o chamado divino para o exercício na piedade. Isso significa que "trabalhamos sobre o trabalho de Deus". Porque ele opera em nós o querer e o realizar (Fp 2.13), nós podemos querer e realizar. A vida produtiva é mais do que a realização de tarefas; é a transformação pessoal, sob a graça de Deus, com o alinhamento do nosso coração, para nos dedicarmos ao amor e às boas obras de forma consistente.

Isso envolve sermos pessoas constantes, olharmos para cima — para o Senhor —, olharmos para o lado — para o próximo — e olharmos para a frente — para a eternidade. E a trilha da constância e da organização dos amores passa pelo cultivo dos hábitos.

O PODER DO HÁBITO

Nas últimas décadas, conectada à profusão de livros sobre desenvolvimento pessoal e produtividade, bem como ao desenvolvimento das pesquisas em neurociências, a "ciência do hábito" adquiriu bastante notoriedade.

Autores como Charles Duhigg buscaram demonstrar "o poder do hábito"[47] sobre a nossa vida de diferentes maneiras. Em minha opinião, com sucesso, embora as aplicações de sua obra no campo da moralidade tenham sido ruins.

James K. A. Smith falou do impacto da obra de Duhigg, e reuniu outros insights, especialmente a partir da obra de Agostinho de Hipona, para publicar Você é aquilo que ama.[48] Embora esse livro contenha alguns elementos problemáticos, como uma apreciação positiva de mero simbolismo e a desconsideração de um princípio regulador do culto (como o gesto religioso de acender velas), a premissa do texto é importante: "As coisas que fazemos fazem coisas conosco". Nossas práticas repetidas são como liturgias, afetando nossos amores e desejos, bem como orientando nossa vida a uma percepção e a um propósito que podem ser fiéis à Palavra de Deus, ou distantes dela.

Os hábitos são objeto de discussão desde a antiguidade. Tanto em Aristóteles e nos estoicos, na tradição clássica, como

---

47 Charles Duhigg. O poder do hábito. (Rio de Janeiro: Objetiva, 2012).
48 James Smith, Você é aquilo que ama (São Paulo: Edições Vida Nova, 2017).

"Isso envolve sermos pessoas constantes, olharmos para cima — *para o Senhor* —, olharmos para o lado — *para o próximo* — e olharmos para a frente — *para a eternidade*. E a trilha da constância e da organização dos amores passa pelo *cultivo dos hábitos*."

em Tomás de Aquino, na tradição cristã, os hábitos são elementos importantes na aquisição de virtude.

Na Escritura, percebemos que os hábitos estão presentes na vida do salmista, quando ele busca Deus pela manhã; de Daniel, quando ora três vezes por dia; e do Senhor Jesus, em seus momentos de solitude para orar. Também a organização do tempo em Israel, com suas celebrações e seus rituais estabelecidos, definia rotinas e hábitos que influenciavam o imaginário e reforçavam o senso de identidade e propósito do povo de Deus.

Por isso, abordar a questão dos hábitos, rotinas e rituais é fundamental. Eles afetam a forma de respondermos aos chamados do nosso Senhor.

O PREÇO DA INSTABILIDADE

A inconstância tem um custo alto. Nossa dificuldade em manter a rota promove a exaustão sem realizações. Aqueles que desejam perder peso, mas estão sempre mudando de método, não conseguem ver resultados, porque não deram tempo para qualquer um dos métodos produzir o mínimo resultado. O mesmo vale para estudos, desenvolvimento de caráter, educação dos filhos e outras habilidades como aprender a falar um idioma ou a tocar um instrumento musical.

A inconstância nos faz correr demais e viver de menos. O desgaste de energia é intenso e inútil. Tornamo-nos cansados e improdutivos. Nosso humor é afetado, e a ansiedade, a irritabilidade e o desânimo ocupam lugares de proeminência em nossa vida emocional.

Os efeitos disso ainda vão além. Como não vivemos isolados, nem somos seres "departamentalizados", o que acontece conosco transborda para o ambiente em que vivemos e os relacionamentos que temos. Nossa inconstância na dieta afeta outras áreas, como a vida com Deus e os estudos, e vice-versa. Nossa instabilidade individual afeta nossos relacionamentos mais próximos, seja como consequência de nosso desequilíbrio emocional — a variação de humor —, seja pela percepção dos outros, identificando que não somos assim tão confiáveis. Sentimo-nos inseguros e deixamos os outros inseguros. Como Tiago nos diz, o homem inconstante é como a onda do mar, agitada pelos ventos, e não alcança do Senhor coisa alguma (Tg 1.6-8).

O reconhecimento desses aspectos precisa nos levar ao seguinte questionamento: como podemos crescer no cultivo de hábitos?

4 LEIS PARA O CULTIVO DE HÁBITOS

Na primeira parte deste livro, mencionamos que a dificuldade com a disciplina — que tem tudo a ver com nossa discussão aqui — envolve o apego do nosso coração aos prazeres fáceis. Em nosso egoísmo, trocamos o direito de primogenitura da vida disciplinada — que levaria anos para produzir algum efeito — pelo guisado de lentilhas do conforto imediato. Ali vimos que o caminho fundamental passa pelo realinhamento de nosso coração, considerando o foco na glória de Deus e no serviço ao próximo.

Essa é a dimensão fundamental. Uma vez que tenhamos desnudado o coração diante de Deus, é necessário pensar na estratégia: como podemos dar passos inteligentes e concretos para crescer no cultivo da disciplina, dos hábitos e das rotinas?

Uma grande ajuda vem de James Clear, em sua obra Hábitos atômicos.[49] Clear propõe quatro leis para o cultivo (e seu contraponto, o abandono) de hábitos. Se entendermos o lugar central do coração, essas leis serão de grande ajuda. Apresento, a seguir, um resumo dessas leis:

PRIMEIRA LEI: TORNE O HÁBITO CLARO

Como tratamos no capítulo 6, a clareza é fundamental para a produtividade. Clear sugere que boa parte de nossa dificuldade no cultivo de hábitos está no fato de que não somos suficientemente claros em relação ao que pretendemos fazer e como pretendemos fazer.

Considere o hábito de fazer a devocional diária. Muitos de nós simplesmente pensam: "Eu quero ler a Bíblia todos os dias" — e só. Pensamos que isso é suficiente, mas, então, aparecem os resultados: no primeiro dia, lemos ao acordar, e ficamos felizes. No segundo dia, um pouco mais corrido, encontramos um espaço após o almoço para ler. No terceiro dia, lemos antes de dormir, e damos uma breve cochilada entre os versículos. No quarto dia, esquecemos de ler. No prazo de duas semanas, já teremos voltado à estaca zero.

O que aconteceu? Certamente alguns dirão que é falta de amor pelo Senhor, falta de percepção da nossa necessidade de Deus, priorização das coisas do mundo, entre outras respostas "espirituais". Há verdade em todos esses elementos, mas eles

---
[49] Op. Cit.

não são a única explicação. A falta de clareza gera confusão, e a confusão nos deixa travados diante da ação. Como isso poderia ser solucionado?

Clear sugere que façamos uma declaração de implementação, estabelecendo nossa intencionalidade e um plano prático de execução que envolve comportamento, horário e local. A "fórmula" ficaria assim: "Eu irei [comportamento] às [hora] em [local]".

Aplique essa lei à vida devocional. Você pode escrever no papel: "Vou ler a Bíblia, meditar e orar todos os dias, às sete da manhã, na mesa da sala de jantar". Agora você saiu de um abstrato "Quero ler mais a Bíblia" para um plano real.

É possível melhorar ainda mais a intenção de implementação, definindo quantos capítulos você vai ler, ou quanto tempo vai dedicar especificamente a cada tarefa (dez minutos para leitura, dez minutos para meditação e dez minutos para oração, por exemplo). Quanto mais claro você for, menos barreiras encontrará para cultivar o hábito e avaliar sua implementação.

SEGUNDA LEI: TORNE O HÁBITO ATRAENTE

A segunda lei de Clear nos fala que é mais fácil cultivar hábitos quando a prática se torna mais atraente. Isso envolve nossa percepção do comportamento que desejamos manter.

Nem sempre percebemos o valor dos hábitos que devemos cultivar. Especialmente nessa era de velocidade, a riqueza parece estar naquilo que produz resultado ou gratificação imediata.

Se existem tantas demandas imediatas que precisam ser resolvidas e que tanto promoverão sua imagem diante das outras pessoas como poderão produzir internamente um senso de realização e de valor pessoal, por que investir tempo e energia em tarefas que, aparentemente, não produzem recompensa imediata, como, por exemplo, conduzir um culto doméstico com seu filho de três anos, reservar uma noite na semana para ficar com sua esposa ou ficar trinta minutos em uma esteira — andando sem sair do lugar?

Nem sempre o retorno é rápido e, de modo geral, vale o princípio de que as coisas mais valiosas levam mais tempo e energia, produzindo frutos apenas no longo prazo. Mas, se não enxergarmos o valor, será difícil cultivar o hábito. Como podemos crescer nisso?

Clear sugere alguns caminhos — e eu destaco dois deles.

O primeiro consiste em fazer parte de uma cultura em que o hábito necessário é algo desejado. Se todos os seus amigos desprezam a leitura da Bíblia, não espere encontrar encorajamento nesse sentido. Por outro lado, quando você faz parte de uma comunidade de pessoas que amam a Escritura, os valores dessa comunidade são assimilados. Em bom português: se você deseja crescer no hábito da leitura bíblica, cerque-se de pessoas que amam a Palavra de Deus, pois elas o estimularão nesse hábito. Homens cristãos podem encorajar uns aos outros quanto à liderança da família, ao culto doméstico e ao trato adequado com a esposa. Jovens cristãos podem encorajar uns aos outros quanto à pureza nos relacionamentos. Mulheres cristãs podem encorajar umas às outras no amor pela família e nos chamados do trabalho dentro e fora do lar.

O segundo caminho sugerido por Clear consiste em estabelecer rituais de motivação junto aos hábitos. Especialmente diante de hábitos difíceis, envolvê-los com outros hábitos ou práticas agradáveis pode ajudar a despertar o interesse. E se os encontros do casal para organizar as contas do mês fossem realizados com uma pizza?

TERCEIRA LEI: TORNE O HÁBITO FÁCIL

Se você deseja cultivar um hábito, tem de compreender que, quanto mais complicado for, mais difícil será estabelecê-lo. Imagine que você deseja cultivar o hábito (saudável) de beber mais água durante o dia. Se você trabalha no quarto andar de um prédio sem elevador, e o bebedouro ou a geladeira ficam no térreo, termos uma quase-certeza: você não vai beber mais água durante o dia. Quanto maior for o número de passos entre você e a prática, maior será a dificuldade de mantê-la.

Essa é uma das grandes razões pelas quais temos dificuldade de perseverar em algo. Criamos expectativas muito elevadas e elaboramos processos de alta complexidade, dificultando o que deveria ser simplificado. Você não mantém o culto doméstico porque está buscando fazer algo muito elaborado no lugar de algo simples. Você não persevera na leitura porque espera ler um número muito grande de páginas ou por um período muito extenso. Dificultar não ajuda.

Uma boa maneira de facilitar um hábito, conta-nos Clear, é diminuir o número de etapas/passos entre nós e ele. Isso pode ser feito com a organização do ambiente. Se você deseja beber mais água, tenha sempre uma garrafa de água à mão. Se você deseja ler a Bíblia todas as manhãs na mesa da sala de jantar, deixe sua Bíblia já em cima da mesa ou perto dela, para facilitar o acesso. Se você tiver de procurar ou descobrir por onde anda a Bíblia, será tentado a desistir de ler.

 Outra maneira de tornar o hábito mais fácil é começando da menor maneira possível. Clear sugere a técnica dos dois minutos. Nós criamos desculpas para não começar determinados hábitos, atribuindo culpa especialmente à falta de tempo. Ao adotar a técnica dos dois minutos, nós matamos as desculpas internas e podemos fazer o primeiro — e mais difícil trabalho de sair da inércia. Como funciona essa técnica? O nome é autoexplicativo: faça o que pretende cultivar como hábito por dois minutos. Uma caminhada de dois minutos. Uma leitura de dois minutos. Um culto doméstico de dois minutos. Uma ligação para prestar contas ao seu mentor/discipulador de dois minutos. É claro que dois minutos são pouco, e você não conseguirá render muito com esse tempo. Mas essa é a menor das preocupações. No começo, preocupe-se em iniciar e manter o hábito. Com o tempo, você vai aprimorar a execução, melhorando o tempo ou outros aspectos. Concentre-se em tornar o hábito tão simples que não existam desculpas para fugir dele.

QUARTA LEI: TORNE O HÁBITO SATISFATÓRIO

Já dissemos que as tarefas e os hábitos importantes nem sempre são percebidos em seu valor. E, se formos honestos, nem sempre serão experimentados como satisfatórios.

O estudante tem de passar por vários conteúdos que considera entediantes a fim de se preparar para uma prova. A dona de casa sabe que lavar louça ou passar roupa não são exatamente "uma festa". A expressão de Deus para Adão — "do suor do teu rosto comerás o teu pão" — é um testemunho das tarefas duras e difíceis que teriam de ser executadas na obtenção do sustento. Por isso, não é possível — nem saudável — romantizar os hábitos. As fotos de Instagram fazem tudo parecer uma maravilha, mas algumas tarefas são executadas com esforço e dificuldade, em circunstâncias difíceis e desafiadoras. E, certamente, cada elemento desses é um novo fator desmotivador, empurrando-nos para a inconstância e a procrastinação.

Lembre-se de que, no fim das contas, as técnicas são apenas ferramentas de ajuda. Nenhuma técnica poderá servir como a base de nossa motivação, porque nós precisamos de algo mais sólido para ancorar a vida. Nossa motivação final precisa ser o amor a Deus e ao próximo. A glória de Deus é nosso alvo, e qualquer outro elemento é fraco demais para nos mover na direção da autonegação.

Mas existem recursos que providenciam pequenos auxílios. E essa sabedoria prática, chamada na tradição cristã de prudência, deve ser adotada por nós. Como podemos tornar hábitos difíceis em práticas mais satisfatórias?

Clear nos ajuda com o elemento da recompensa. Ele sugere que pequenas recompensas podem agregar satisfação mais imediata no caso dos hábitos que só produzirão bom fruto depois de algum (ou muito) tempo. Por isso, após uma semana de persistência na dieta, que tal um pequeno prêmio? Talvez um pequeno doce autorizado por seu nutricionista, ou algo em outra área, como um simples passeio. A celebração de microconquistas e a recompensa pelo esforço contribuem para mantermos o foco e renovarmos o ânimo. Semanalmente, no meu dia de descanso — que é quinta-feira —, cumpro o ritual de ir a um café no meu tempo de solitude e celebrar as microconquistas da semana com alguma das minhas sobremesas preferidas, que pode ser uma tortinha de limão, um brownie com sorvete ou uma torta Saint'Honoré (desculpe por fazê-lo salivar). A recompensa pode ser diária, semanal ou mensal, dependendo do hábito e do esforço empregado, para não banalizar a prática.

Outra forma de tornar satisfatório o hábito é adotar uma estratégia de monitoramento. Uma simples tabela com o hábito desejado e uma bolinha ao lado dos dias do mês podem ser muito úteis para você dar um "check" diário e receber uma nova dose de estímulo a cada bolinha preenchida.

Precisamos ter em mente que o caminho do crescimento demanda disciplina, esforço, desconforto e força de vontade. Mas não precisamos abandonar as estratégias que nos ajudam na caminhada, sob a desculpa de que temos de ser "durões". Essa pode ser outra forma velada de orgulho.

CONSTRUINDO CASTELOS

A jornada do desenvolvimento pessoal centrado no evangelho consiste no exercitar-se na piedade, o que Paulo recomenda a Timóteo (1 Tm 4.7). A base é a graça de Deus — e, sobre essa base, trabalhamos na construção de algo que glorificará ao Senhor.

A construção, porém, é gradual. Como se constrói um castelo? Com um tijolo de cada vez, em ritmos e rotinas que nos permitam ver o que era apenas uma base de alicerces preenchida com beleza e força. Hábitos são pequenos tijolos no alinhamento do nosso coração, no fortalecimento do nosso caráter, no crescimento em graça, no ajuste do foco, no cuidado pessoal, no tratamento relacional e na prática da missão.

Quando compreendemos esse caminho, a vida produtiva se torna mais viável.

COMO SE CONSTRÓI UM CASTELO?

1. De que maneiras você já experimentou os resultados da instabilidade ao tentar cultivar hábitos em sua vida?

_____
_____
_____

2. Quais passos concretos você já adota que o ajudam no cultivo da disciplina, dos hábitos e da sua rotina?

_____
_____
_____
_____

3. Para tornar os hábitos em sua vida mais claros, atraentes, fáceis e satisfatórios, faça o exercício a seguir:

1º passo
Considere as áreas da sua vida de acordo com a tabela abaixo:

ESPIRITUAL	PESSOAL	SOCIAL	VOCACIONAL	MINISTERIAL
Hábitos do dia a dia	Saúde física	Amizades	Maestria	Participação no culto
Disciplinas Espirituais	Saúde mental	Família	Finanças	Comunhão
Arrependimento de pecados	Lazer	Relacionamento amoroso	Descanso	Serviço e Missão

2º passo
Defina de um a dois hábitos a serem incorporados em pelo menos 3 áreas da sua vida:

ESPIRITUAL	PESSOAL	SOCIAL	VOCACIONAL	MINISTERIAL
Fazer devocional	*Fazer atividade física*			*Ir à igreja regularmente*

3º passo
Torne os seus hábitos **claros** (defina o que será, com que frequência e o lugar):

ESPIRITUAL	PESSOAL	SOCIAL	VOCACIONAL	MINISTERIAL
Ler a Bíblia 7x por semana, 10 minutos por dia, após o café da manhã	*Correr 3x por semana, durante 30min, na área de lazer do condomínio*			*Ir ao culto matutino, todos os domingos, na minha igreja local*

4º passo
Torne os seus hábitos **atraentes** (o que você pode associar ao hábito para que isso o estimule à prática?):

ESPIRITUAL	PESSOAL	SOCIAL	VOCACIONAL	MINISTERIAL
Farei meu devocional com anotações, e com colagens e intervenções artísticas na minha Bíblia	*Farei uma corrida ouvindo minha playlist de músicas favoritas /meu podcast favorito/série de mensagens de que gosto muito*			*Combinarei de almoçar com _____ após o culto dominical matutino*

COMO SE CONSTRÓI UM CASTELO?

5º passo
Torne os seus hábitos **fáceis** (quais obstáculos você pode remover para simplificar seu hábito?):

ESPIRITUAL	PESSOAL	SOCIAL	VOCACIONAL	MINISTERIAL
Deixarei a minha Bíblia de anotações na mesa com o fitilho na parte em que parei e materiais para bible journaling ao lado	Deixarei a roupa de corrida separada, no meu escritório, para quando finalizar o trabalho, trocar de roupa e sair para correr			Não dormirei tarde no sábado à noite e programarei o alarme para levantar cedo no domingo

6º passo
Torne os seus hábitos **satisfatórios** (qual seria uma boa forma de se recompensar pelo hábito cumprido?):

ESPIRITUAL	PESSOAL	SOCIAL	VOCACIONAL	MINISTERIAL
Darei check diário no meu rastreador de hábitos para me estimular a perseverar no devocional	Ao concluir minha meta semanal de corrida, sairei para tomar aquele meu lanche favorito			Desfrutarei boas conversas com os irmãos após o culto dominical

ANOTAÇÕES

10
OLHE PARA CIMA

Uma vida verdadeiramente produtiva — no sentido que temos estabelecido neste livro — é, em outras palavras, uma vida piedosa. É importante destacar que a sua piedade não é julgada por suas realizações, mas pela direção em que você caminha. E amar a Deus sobre todas as coisas e ao próximo como a nós mesmos nos leva ao serviço efetivo, qual seja, responder aos chamados de Deus para nós com excelência. Nesse sentido, piedade e produtividade andam juntas.

Mas não se trata apenas de tarefas, e sim de um foco na vida. A vida produtiva leva em consideração a importância do trabalho diário nos pequenos hábitos que direcionam o coração, moldam o caráter e ajustam a caminhada. Entre os hábitos fundamentais, o investimento na vida com Deus precisa ser o primeiro.

Se abraçarmos a premissa inicial deste livro — no sentido de que nossos problemas com a produtividade são, antes de tudo, resultado do desalinhamento do nosso coração —, então teremos de retornar ao lugar em que nossos desejos e amores são reorientados, o lugar da verdadeira satisfação, o lugar no qual somos humilhados, mas amamos: o lugar da presença de Deus.

Alinhar o coração não é meramente obedecer a uma sequência de passos ou de técnicas "espirituais", ou a algum tipo de terapia cristã. Isso transformaria o alinhamento do coração em mero resultado de esforço pessoal, em um processo mecânico, sem o relacionamento com uma pessoa.

Alinhar o coração é, em resumo, andar com Deus. Não se trata de um projeto ou de uma tarefa, mas, sim, de um relacionamento. Não é um processo mecânico; é uma dinâmica pessoal. Não é controlado por nós — embora nós tenhamos de ser ativos; segue o ritmo estabelecido pelo próprio Deus que se revela.

No encontro da piedade com a produtividade, nossas ambições são redimidas, de modo que as motivações e as metas são transformadas. Os métodos são colocados a serviço da eternidade, e a caminhada inteira passa a fazer sentido. Não me entenda mal: ainda haverá dias em que o trabalho vai parecer tedioso. Pessoas piedosas também procrastinam e ficam desorganizadas por algum tempo. A busca do Senhor não fará você acordar todos os dias cantando, ou altamente motivado para realizar cada tarefa do dia. No entanto, ainda que essas notas dissonantes estejam presentes, a harmonia da vida piedosa segue com firme estrutura. É completamente diferente da harmonia desafinada de corações

"Alinhar o coração é, em resumo, *andar com Deus*. Não se trata de um projeto ou de uma tarefa, mas, sim, *de um relacionamento*. Não é um processo mecânico; é uma dinâmica pessoal."

desalinhados que têm a autorreferência e a feiura como base da melodia da vida.

Se entendermos que o alinhamento do coração é central para a produtividade, e que o coração só pode ser alinhado na vida com Deus; e se entendermos que a vida produtiva é uma longa caminhada no desfrute e no cultivo do que nos direciona para a eternidade, teremos de ajustar nosso foco para olhar para cima.

Como crescer na vida com Deus? Como viver uma vida vibrante com o Senhor? Existem dois movimentos fundamentais: de cima para baixo e de baixo para cima.

DE CIMA PARA BAIXO

A pergunta sobre a vida vibrante com Deus foi feita pelo pastor Francis Schaeffer. Em seu livro Verdadeira espiritualidade,[50] ele nos conta que experimentou uma crise de fé decorrente do que chamou de "problema da realidade". Em resumo, o problema da realidade era que Schaeffer deixou de perceber em sua vida e no grupo do qual fazia parte as marcas que a Bíblia destacava como características daqueles que andavam com Deus. Nesse sentido, faltava "realidade" ao cristianismo de Schaeffer. Isso o fez se questionar se o problema era o cristianismo em si ou era ele.

A partir de então, ele passou por uma jornada que envolveu questionar toda a sua fé e lutar com Deus, até sair dela transformado. Schaeffer concluiu que o problema não estava na fé cristã — o cristianismo era (e é) a "verdade total", como ele afirmava; o problema estava nele e no seu grupo.

---

[50] Op. Cit.

O que aconteceu com Schaeffer foi uma redescoberta do evangelho. Nesse tempo de questionamentos, ele se deu conta do poder da "obra consumada de Cristo" e pôde, finalmente, experimentá-lo. Sobre essa base, a verdadeira espiritualidade está firmada.

Nossa grande questão é saber como o poder do evangelho é derramado sobre nós. Como a realidade objetiva do que Cristo cumpriu na cruz é experimentada de forma subjetiva no dia a dia. Como nosso coração pode ser alinhado; nossas emoções, transformadas; nossas motivações, ajustadas; nosso caráter, moldado; e nossos pés e mãos, preparados?

Tudo começa de cima para baixo. É fundamental iniciar por esse movimento, porque, sem ele, nós colocamos tudo a perder.

Quando Schaeffer redescobriu a verdadeira espiritualidade, começou a ensinar esse conteúdo aos que estavam próximos, de modo que, especialmente nos anos 1953-1954, pôde falar aos irmãos de sua denominação. Em uma assembleia-geral de sua denominação, Schaeffer pregou um sermão chamado "O trabalho do Senhor da maneira do Senhor"[51] [*The Lord's work in the Lord's way*, em tradução livre]. Esse sermão era um clamor para que seus irmãos deixassem de tentar estabelecer o ministério na base da sua força, dos seus métodos e das suas preferências, e se submetessem aos caminhos do Senhor. É claro que muita gente não gostou de ouvir algo assim.

Em nossa caminhada com Deus, podemos fazer algo parecido. Podemos pensar e tentar estabelecer uma caminhada

---

51 Esse sermão está disponível no livro *Não há gente sem importância*, já referenciado anteriormente.

com Deus a partir de nós — de nosso esforço, nossos objetivos, nossas maneiras. Até mesmo pessoas bem-intencionadas podem fazer assim.

Essa é uma diferença fundamental, por exemplo, entre o modelo de espiritualidade protestante e o modelo romanista. Os católicos romanos colocam maior ênfase nas disciplinas espirituais e na "imitação de Cristo", porque seu sistema de religião pelas obras demanda que comecem de baixo para cima — o homem subindo até Deus. Mas o caminho do evangelho não é aberto pelo homem. Nossa espiritualidade não está firmada no esforço pessoal para subirmos até Deus, e sim na graça de um Deus que desce até nós. A visão protestante de espiritualidade tem um ponto de partida completamente diferente. Por isso, antes de qualquer ênfase nas disciplinas espirituais, temos de olhar para os meios de graça.

A expressão "meios de graça" pode ser compreendida em dois sentidos: em sentido amplo e em sentido estrito. Em sentido amplo, meio de graça é tudo aquilo que pode me fazer crescer na graça de Deus. Muitos autores usam essa conotação. Mas eu sigo o teólogo Louis Berkhof, considerando o sentido estrito do termo, no qual "meios de graça" designam, especialmente, Palavra e sacramentos. Ouvir o próprio Berkhof pode ser útil aqui:

> É até possível incluir nos meios de graça tudo quanto se requer dos homens para o recebimento e o gozo permanente das bênçãos da aliança, tais como a fé, a conversão, a luta espiritual e a oração. Todavia, não é costumeiro nem desejável incluir tudo isso na expressão "meios de graça". A Igreja não é um meio de graça lado a lado com a Palavra e os sacramentos, porque o seu poder de promover a obra da graça de Deus consiste unicamente

na administração deles. Ela não é instrumento de comunicação da graça, exceto por meio da Palavra e dos sacramentos. Além disso, a fé, a conversão e a oração são, antes de tudo, frutos da graça de Deus, embora possam tornar-se instrumentos para o fortalecimento da vida espiritual. Não são ordenanças objetivas, mas condições subjetivas para a posse e o gozo das bênçãos da aliança. Consequentemente, é melhor não seguir Hodge quando ele inclui a oração, nem McPherson quando acrescenta à Palavra e aos sacramentos a Igreja e a oração. Estritamente falando, somente a Palavra e os sacramentos podem ser considerados como meio de graça, isto é, como os canais objetivos que Cristo instituiu na Igreja, e aos quais ele se prende normalmente para a comunicação da sua graça.[52]

A vida com Deus, com quem nosso coração é alinhado e de quem flui a verdadeira produtividade, decorre, em primeiro lugar, da ação de Deus em nossa direção. Pela obra de Cristo, ele cumpriu objetivamente o que era necessário para nossa salvação e, pelos meios de graça (e obra do Espírito), ele derrama suas bênçãos sobre nós, nutre nossa fé, instila vida em nós e nos aproxima dele.

Se esse é o caminho fundamental, onde, então, encontramos os meios de graça? A mera menção à Palavra e aos sacramentos (batismo e ceia), poderia levar alguns a pensarem que eles podem estar em qualquer lugar. Afinal de contas, nós podemos ler a Palavra de Deus em qualquer lugar, e existem igrejas que praticam o batismo e a ceia em momentos separados do culto público. No entanto, a tradição reformada tem confessado que o lugar apropriado para os meios de graça é o culto público. A Confissão de fé de Westminster declara:

---

[52] Louis Berkhof, Teologia sistemática (São Paulo: Cultura Cristã, 1990), p. 557.

A leitura das Escrituras, com santo temor; a sã pregação da Palavra e a consciente atenção a ela, em obediência a Deus, com entendimento, fé e reverência; o cântico de salmos, com gratidão no coração; bem como a devida administração e digna recepção dos sacramentos instituídos por Cristo — são partes do culto comum oferecido a Deus, além dos juramentos religiosos, votos, jejuns solenes e ações de graça em ocasiões especiais, os quais, em seus vários tempos e ocasiões próprias, devem ser usados de um modo santo e religioso (CFW, XXI.V).

A mesma compreensão é apresentada na Confissão de Fé Batista de 1689 (22.5). A Segunda Confissão Helvética, em seu capítulo 18, apresenta os ministros ordenados como as pessoas separadas para atuar como despenseiras dos mistérios de Deus, que a Confissão descreve como Palavra e sacramentos. Em outras palavras, se estamos falando do caminho de cima para baixo, pelo qual Deus vem a nós, não é possível encontrar os meios de graça senão no encontro estabelecido por ele com seu povo: o culto público no dia do Senhor (o domingo).

Existe um sentido no qual o culto público é o transbordar da minha vida regular de adoração a Deus — durante a semana. Não é coerente viver seis dias em pecado e aguardar que, no domingo, tudo esteja bem. Mas o caminho essencial é o oposto disso: é pela graça do Senhor recebida no culto que podemos responder a Deus em santidade durante a semana.

Portanto, se você deseja ter um coração alinhado e uma vida apontada para a eternidade, tudo começa pelo culto público, no qual você recebe a Palavra (pregada) e os sacramentos ministrados por alguém que foi separado pelo Senhor e reconhecido pela igreja para tal ofício.

Por vezes, reclamamos de indisposição para as coisas de Deus. Vivemos apáticos, mal lemos a Bíblia, nossas orações são feitas no "modo automático" e o primeiro amor parece uma lembrança distante. E nós achamos que tudo precisa ser resolvido meramente com força de vontade, lendo e orando individualmente, enquanto negociamos a adoração ao Senhor no culto público. Mas o mero esforço pessoal, desprezando os meios de Deus, será insuficiente. Não desperdice seu domingo.

O CAMINHO DE BAIXO PARA CIMA

Primeiro Deus vem a nós, e então nós respondemos a ele. Em toda a história da redenção, essa dinâmica tem sido mantida, e continua conosco. Deus nos concede graça pelos meios ordenados para isso e, então, nos convoca a exercitar a piedade diariamente, apropriando-nos do que ele nos concedeu.

Enquanto eu escrevia este capítulo, um post de rede social apareceu em minha timeline. O post trazia a foto de um homem parado na frente de uma igreja nos Estados Unidos. Nessa igreja, o letreiro dizia: *"It's hard to get in shape spiritually if you only work out on Sunday"* [É difícil ficar em forma espiritualmente se você só malha aos domingos]. Se tivermos uma boa compreensão do ponto anterior, essa máxima poderá ser valorizada com o peso que merece.

Por um lado, o ponto decisivo da vida com Deus está na vontade do próprio Deus de se revelar a nós e alimentar nossa fé, guiando-nos em santidade. Por outro lado, eu e você temos a responsabilidade, diante de Deus, de responder ao seu chamado, cultivando os hábitos fundamentais para crescermos na graça.

Assim como no capítulo sobre métodos, minha melhor contribuição aqui consiste em apontar para aqueles que têm abordado o tema com maiores propriedade e clareza. Nas poucas palavras deste capítulo, é impossível esgotar a riqueza desse tema e as implicações que tem para nós. Uma boa argumentação em favor desses exercícios da piedade é encontrada em Hábitos espirituais, de David Mathis.[53] Desde a apresentação, de John Piper, somos lembrados de que Deus nos chama a "desenvolver a nossa salvação" na base da obra dele (Fp 2.12,13). Mathis estrutura sua obra em torno de três grandes blocos: Palavra, Oração e Comunhão, falando sobre práticas saudáveis como leitura, meditação, aplicação pessoal, memorização, oração individual e comunitária, jejum, diário, pausa, solitude, comunhão, adoração comunitária, batismo, ceia e repreensão. É especialmente notável, na obra de Mathis, a inclusão de aspectos como missão, administração financeira e administração do tempo como hábitos espirituais.

Mathis, diferente de mim, usa "meios de graça" no sentido mais abrangente. Ele também prefere o termo "hábitos da graça" à expressão "disciplinas espirituais", enquanto eu não tenho dificuldade com a segunda nomenclatura. Conquanto haja pequenas diferenças, a premissa da obra de Mathis é a mesma que sigo: tais exercícios partem da graça de Deus e são canais para crescermos no deleite do nosso Senhor.

Essa é a academia da alma, na qual os exercícios repetidos nos colocam em uma postura de "passividade ativa", como diria Francis Schaeffer, apresentando-nos diante de Deus para receber dele.

---

[53] David Mathis, Hábitos espirituais (São José dos Campos, SP: Fiel, 2022).

É importante mencionar que esses hábitos só promovem resultados no longo prazo. Em uma passagem notável, Tim Keller fala da mudança de seus hábitos devocionais no livro Oração.[54] É surpreendente perceber o tempo que levou até ele sentir os efeitos dessa mudança:

> No verão seguinte ao meu bem-sucedido tratamento do câncer na tireoide, implementei quatro mudanças práticas em minha vida devocional particular. Primeiro, levei vários meses para percorrer todos os salmos, resumindo cada um deles. Isso me possibilitou começar a orar os salmos com regularidade, passando por todos eles diversas vezes ao longo de um ano. Segundo, inseri a disciplina de um período regular de meditação como transição entre a leitura da Bíblia e meu tempo de oração. Terceiro, fiz o possível para orar de manhã e à noite, não apenas de manhã. Quarto, comecei a orar com uma expectativa maior. As mudanças levaram um tempo para dar frutos, mas, depois de manter essas práticas durante cerca de dois anos, comecei a fazer alguns avanços. Apesar dos altos e baixos desde então, encontrei uma nova doçura em Cristo e um novo amargor também, porque agora podia ver meu coração com mais clareza, sob a nova luz da oração vital.[55]

Isso significa que nem sempre acordaremos empolgados para a leitura bíblica e nem sempre a oração fluirá de maneira tranquila. Preferiremos banquetes a jejuns, e o ruído da vida ao silêncio e à solitude. Mas é por isso que chamamos isso de disciplinas. Elas tratam o coração e permitem que caminhemos para nos tornar aquilo que somos em Cristo.

---

54   Timothy Keller, Oração (São Paulo: Vida Nova, 2015).
55   Ibidem, loc. 326.

POR ONDE COMEÇAR?

Pode ser desafiador pensar nisso tudo. Ficamos envergonhados com o modo que levamos a vida com Deus. Sentimos culpa e desanimamos ao perceber o tamanho do problema. Mas a minha intenção com este capítulo é promover o oposto disso. Quero encorajá-lo a olhar para a verdadeira espiritualidade com um novo ânimo. É possível caminhar com Deus porque ele veio até nós! É possível crescer na graça porque ele nos deu as ferramentas! É possível sair da apatia espiritual e redescobrir a alegria na caminhada com o Senhor! É possível voltar ao primeiro amor.

Por onde começamos? A sequência é "de cima para baixo" e então "de baixo para cima". Mas primeiro é importante ajustar as expectativas. Entenda que essa é uma caminhada longa. Seja paciente e persevere. Não espere resultados imediatos, ou então ficará frustrado e desistirá. Não force um ritmo além do que consegue seguir; caso contrário, você se cansará e abandonará a caminhada. Comece com o compromisso firme de cultuar a Deus em sua igreja local, junto aos seus irmãos. Não negocie o culto público. Não despreze os meios de graça. Sua alma precisa de nutrição espiritual. Em seguida, defina, com clareza, quais hábitos espirituais pretende cultivar. Lembre-se do capítulo anterior e use as quatro leis para firmar a prática dos hábitos. Se você deseja ler a Bíblia, meditar e orar todos os dias, defina isso de modo claro, escolhendo um horário e um local para praticar; torne atraente a atividade, compartilhando com a comunidade seu crescimento; torne fácil, deixando a Bíblia já separada para a leitura pela manhã, em um ambiente silencioso; e torne satisfatório,

"Caminhar com Deus ajusta a nossa direção da vida e *faz o coração cantar.*"

com recompensas a cada livro bíblico lido, ou com o delicioso "check" em cada dia de devoções realizadas.

Se você já tentou, mas ficou travado por não conseguir executar, sugiro começar do modo mais simples possível. A abordagem 5-5-5 é uma das formas mais tranquilas de começar (ou de recomeçar) esses hábitos. Como o nome diz, você só precisa de 15 minutos por dia: cinco para ler a Bíblia, cinco para meditar e cinco para orar. Eu sei, você gostaria de ser como Lutero, que orava duas horas por dia. Mas você não é Lutero, e o próprio Lutero não começou orando por duas horas. Então, entre ler, meditar e orar por 15 minutos, por um lado, e não fazer nada, por outro, já que você não tem duas horas disponíveis, aceite sua realidade e comece pequeno. Primeiro estabeleça o hábito e depois faça as melhorias.

Com o tempo, a verdadeira espiritualidade produz seus frutos. Schaeffer nos fala de frutos individuais, como a reintegração pessoal — que eu prefiro chamar de "alinhamento do coração" —, e frutos comunitários — assunto que abordaremos no próximo capítulo. Mas uma das minhas passagens favoritas de Schaeffer é que, ao redescobrir o evangelho, ele voltou a fazer poesia, depois de um longo e tenebroso inverno da alma:

> Aos poucos o sol raiou e a canção soou. Interessante é que, embora eu não tivesse escrito poesia nenhuma durante muitos anos, naquela época de alegria e canto descobri que a poesia fluía de novo — a poesia da convicção, da afirmação da vida, da gratidão e do louvor.[56]

Caminhar com Deus ajusta a nossa direção da vida e faz o coração cantar.

---

56 Schaeffer, op. cit., p. 7.

1. Qual a importância do culto em sua vida hoje?

2. Quais medidas práticas você adota para ter frequência nos cultos dominicais da sua igreja? Se nenhuma, quais você poderia adotar?

3. Liste quais hábitos devocionais você deseja incorporar em sua vida hoje:

4. Lembre-se de que um dos pontos fundamentais para um hábito se formar é a clareza. Volte ao exercício 3 do fim do capítulo 9 e utilize o espaço da área de vida **ESPIRITUAL** para definir os hábitos devocionais que deseja incorporar à sua rotina atual.

(Se você deseja ler a Bíblia, meditar e orar todos os dias, defina isso de modo claro, escolhendo um horário e um local para praticar. Torne-o atraente compartilhando com a comunidade o seu crescimento. Torne-o fácil deixando a Bíblia já separada para a leitura pela manhã e esteja em um ambiente silencioso. E torne-o satisfatório definindo recompensas a cada livro bíblico lido, ou com o delicioso "check" em cada dia de devoções realizadas. Comece aos poucos: faça o teste 5-5-5 (leia por 5min, medite por 5min e ore por 5min).

5. Como você aprendeu neste capítulo, a verdadeira espiritualidade dá os seus frutos. Ore ao Senhor pedindo que ele lhe dê olhos abertos para reconhecer o que ele já está fazendo em seu coração desde que se revelou a você e lhe concedeu o dom da fé. Ore por aquilo que ele fará à medida que você busca por ele e o vê habitando cada espaço da sua vida. Use o espaço abaixo para registrar!

(Schaeffer fez poesia ao reconhecer a graça do Senhor invadindo sua vida. Encante-se com o que Deus está fazendo em sua vida e com o que ele promete em sua Palavra a todos aqueles que o buscam. Declare, cante e faça poesia.)

ANOTAÇÕES

11
OLHE PARA O LADO

Sinto falta de alguns aspectos em livros sobre produtividade. O ponto mais fundamental é a ausência da dimensão pactual: somos seres criados à imagem de Deus, sempre agindo em direção a ele, seja em obediência, seja em rebelião. O pastor Davi Charles Gomes organizou essa ideia no conceito de teorreferência — Deus é o ponto de referência último para cada ser humano e para cada ação humana.[57] A ausência dessa

---

[57] Uma explicação mais detalhada está na nota de rodapé do Prof Fabiano de Almeida Oliveira, em seu artigo Reflexões críticas sobre a Weltanschauung, à qual transcrevo a seguir: "Teor-referência" é um conceito empregado por D. C. Gomes para indicar que Deus é o ponto de referência último de toda existência tanto do homem regenerado, pelo poder do Espírito e da Palavra de Deus, quanto do homem não-regenerado. GOMES, Davi Charles. A metapsicologia vantiliana: uma incursão preliminar. In: Fides Reformata XI:1 (2006), p. 116, nota 14. A teorreferência negativa, como é qualificada a existência do

dimensão é uma afirmação de autonomia que bloqueia a verdadeira produtividade desde o ponto de partida.

Mas há um segundo aspecto, também ausente, que me incomoda: a dimensão relacional. Nas melhores obras sobre produtividade ou desenvolvimento pessoal, você encontrará algo sobre servir às pessoas, ou sobre fazer alguma gestão de relacionamentos, no melhor estilo "como fazer amigos e influenciar pessoas", mas tanto os registros são escassos como a base é humanista.

Jorge Camargo canta que "a felicidade é uma porta que sempre se abre para fora"[58], e nós poderíamos dizer o mesmo da vida produtiva — ela é voltada para fora de si; para Deus e para o próximo. Não se trata, meramente, de conseguir vantagem em relacionamentos ou de contar realizações sociais. Assim como a vida com Deus não é um projeto mecânico, mas, sim, um relacionamento, o trato com as pessoas não pode ser reduzido a um processo mecânico. Ainda assim, o hábito demandará práticas repetidas que antecedem a espontaneidade ou o humor do dia.

---

homem em constante apostasia, se dá sempre como forma de emancipação em relação a Deus e rebelião contra a sua Palavra. A teorreferência positiva indica a existência e a apreensão da realidade no interior de um contexto de significado redentivo ou biblicamente orientado. A teorreferência (negativa ou positiva) é a condição originária de todo horizonte de compreensão e interpretação humanas. Isso quer dizer que a vida-no-mundo será sempre encarada no interior de um campo de significado de amor ou de rebelião contra Deus. Neste presente artigo, todas as vezes que o conceito teorreferência for usado o será na acepção positiva." OLIVEIRA, Fabiano de Almeida. Reflexões críticas sobre a Weltanschauung: Uma análise do processo de formação e compartilhamento de cosmovisões numa perspectiva teorreferente. In: Fides Reformata XIII:1 (2008), p.31.

58   Ouça a canção A felicidade, de Jorge Camargo e me agradeça depois.

POR QUE OLHAR PARA O LADO?

Talvez, para alguns de nós, olhar para o lado seja a pior medida em relação à produtividade. Mas não são as pessoas à nossa volta uma das principais causas de nossas lutas para cumprir o que devemos cumprir?

Lembro-me dos primeiros meses como um homem casado. Estávamos plantando uma igreja em São Luís (MA). Costumávamos nos reunir na casa de uma família e, sem prédio da igreja, eu também não tinha uma sala de estudos e atendimento. Desse modo, praticamente dez anos antes da pandemia de 2020-2021 nos forçar, eu já estava em home office. Mas o tempo de recém-casados é de muita estranheza e adaptação. A Ivonete (minha linda esposa) e eu ainda estávamos entendendo como as coisas funcionavam e, em vários momentos do dia, ela me chamava para lidar com coisas que poderiam ser resolvidas em outro momento. Eu ficava irritado com essas interrupções, e isso afetava o resto do dia. Para ficar claro: a falha era minha, por não haver estabelecido uma dinâmica de maior clareza na organização do home office, horários, limites etc. Com o tempo e o amadurecimento, fomos nos ajustando. Mas a impressão de que "pessoas eram um impedimento para as tarefas" passou pela minha cabeça, e provavelmente já passou pela sua também.

Ed Welch, no livro Aconselhando uns aos outros,[59] nos ajuda a pensar acerca do poder das pessoas sobre nós. As pessoas exercem o impacto mais óbvio em nossas vidas. Podemos ser paupérrimos, mas julgamos a vida a partir de nossos relaciona-

---

59 Edward Welch, Aconselhando uns aos outros (São José dos Campos, SP: Fiel, 2019), posição 317, edição eletrônica.

mentos. Quando temos a riqueza de contar com bons amigos e a família, a vida é bela. Quando estamos isolados e solitários, não há dinheiro que possa compensar tamanho sofrimento. Quando somos rejeitados ou abusados, parece que as consequências desses abalos não têm fim. Nossos relacionamentos nos abençoam, e também nos amaldiçoam.

O próximo pode ser aquele que rouba nossa paz e atrapalha nossa produtividade, mas, ao mesmo tempo, é alguém para quem nossa produtividade deve se voltar. Isso decorre da ordem criacional. Lembramos que o relato da criação apresenta um Adão sozinho, dando nome aos animais, sem encontrar alguém que lhe seja igual. O Criador, em sua sabedoria, declarou: "Não é bom que o homem esteja só" (Gn 2.18). A companhia de Deus seria suficiente para Adão. Mas, como o texto em Gênesis 1.26-28 demonstra, a imagem de Deus — especialmente em seu caráter comunitário — se expressa melhor na diversidade humana: "homem e mulher os criou" (Gn 1.27). A criação de Eva não estabelece apenas o início do casamento, ou da família, mas de todo o convívio do homem com seu semelhante. A estrutura da criação torna o homem voltado para fora de si: para seu Criador e para seu semelhante.

Por isso, ainda que livros sobre produtividade enfatizem a realização pessoal, as metas, o tempo e a vontade, uma vida produtiva é voltada para cima e para o lado, como uma resposta aos grandes mandamentos de amar a Deus sobre todas as coisas e ao próximo como a si mesmo.

"Assim como na vida com Deus não podemos ser relapsos, a vida com o próximo precisa de intencionalidade. O coração desalinhado *transborda em crises relacionais* e afeta o cumprimento de diversos chamados de Deus para nós."

RELACIONAMENTOS INTENCIONAIS

Assim como na vida com Deus não podemos ser relapsos, a vida com o próximo precisa de intencionalidade. O coração desalinhado transborda em crises relacionais, e afeta o cumprimento de diversos chamados de Deus para nós.

Um chefe orgulhoso criará problemas para seus subordinados, produzindo um clima de inimizade e afetando a produtividade de toda a equipe. Um marido omisso falha no cuidado de sua esposa e de seus filhos, deixando-os vulneráveis às seduções do mundo. Uma esposa guiada pelo temor de homens poderá ser perfeccionista com sua casa — "porque vão pensar mal de mim se a casa estiver bagunçada" —, caindo em esgotamento após um ritmo desequilibrado de desgaste sem pausas para recuperar a energia. Um estudante irado com seus pais não conseguirá se concentrar adequadamente no conteúdo por causa da agitação do seu coração (e corpo).

Mas nós não precisamos resolver nossos relacionamentos "apenas para conseguirmos maior produtividade". É quase o oposto: precisamos ser produtivos porque isso tem como finalidade o cultivo de relacionamentos.

O trabalho intencional de cuidar dos nossos relacionamentos entende que nossos projetos e tarefas são meios para expressar o amor a Deus e ao próximo, e que os fins precisam estar em ordem para que os meios sejam adequados.

Mas o que significa ser intencional nos relacionamentos?

Assim como cultivamos hábitos espirituais, devemos cultivar hábitos relacionais. Essas são práticas repetidas que desempenham o papel de estimular, nutrir, corrigir e fortalecer nossos relacionamentos, para que sejam belos e saudáveis. Schaeffer descreveu que um dos efeitos da verdadeira espiritualidade são os relacionamentos transformados, e o caminho da transformação envolve a graça de Deus e a ação humana.

Todo relacionamento intencional precisa de tempo, atenção, honestidade e gentileza. Essas são expressões práticas do amor que, se cultivadas como hábitos, farão muita diferença na saúde da relação. Isso porque o tempo nos ajuda a entender que pessoas não são máquinas, e que o conhecimento e a confiança só podem acontecer depois de alguma caminhada. Isso demanda de nós paciência e investimento.

Quando cheguei a Barretos para pastorear, o cenário era desafiador. O ano era 2021 e ainda estávamos na pandemia. Isso significava que eu nem mesmo poderia visitar os irmãos da igreja para estabelecer algum contato mais próximo. Tão logo as restrições foram diminuindo, começamos a investir em passar algum tempo com os irmãos, em encontros durante a semana e saídas para lanchar após o culto. Embora não houvesse uma "agenda pastoral" no sentido de sair para lanchar, o simples fato de passarmos algum tempo juntos permitia que nos acostumássemos com a presença uns dos outros e caminhássemos para o cultivo de um relacionamento. Isso abriu espaço para a confiança, sem a qual seria impossível pastorear.

Um chefe faria bem em dedicar um tempo à sua equipe; um marido (e um pai) deveria cultivar o hábito de dedicar algum tempo à sua família. Igualmente, os amigos precisam de tempo, pois, sem isso, o relacionamento vai esfriando.

Pensar sobre o tempo também nos leva a considerar a paciência.

Os relacionamentos exigem tempo e nós não deveríamos forçar o ritmo. O cumprimento do meu chamado como pai demandará muitos anos de investimento sem um retorno imediato. Desse modo, devo investir consistente e pacientemente, aguardando e orando pelo dia em que o tempo juntos e as instruções produzirão o fruto de pessoas tementes a Deus, maduras e responsáveis.

Os relacionamentos precisam de atenção. Não adianta passar um tempo juntos se, nesse tempo, não houver uma atenção ativa. Um marido pode se justificar dizendo que passa uma hora todas as noites com sua esposa; mas, se essa hora é desperdiçada ao lado da esposa, mas com o celular na mão, não será possível desenvolver, de modo eficaz, o relacionamento.

A correria da vida, a sobrecarga de informações, o excesso de demandas e o foco em si mesmo, tudo isso nos torna cada vez menos propensos à pausa e ao exercício da atenção. Com isso, deixamos de ouvir e conhecer uns aos outros; deixamos de notar quando estão bem ou quando estão mal; deixamos informações preciosas e momentos singulares passarem por nós. Falamos mais do que ouvimos e estamos preocupados demais com nossa vida para dar atenção ao próximo. Exatamente por isso a atenção precisa ser uma disciplina relacional: com intencionalidade, será possível nos esforçarmos para olhar atentamente uns para os outros. Um marido pode tomar notas sobre os desejos de sua esposa, sobre as características de seus filhos. Um amigo pode fazer perguntas ao outro para ouvi-lo sobre diversas questões e sobre seu coração.

Um pastor pode fazer contato com um membro da igreja que faltou à reunião ou ao culto dominical.

Honestidade e gentileza são hábitos que também deverão ser cultivados para que haja saúde e beleza nos relacionamentos. Eles brotam da instrução bíblica de "falarmos a verdade em amor" (Ef 4.15). Verdade e amor expressam os aspectos de honestidade e gentileza.

Honestidade envolve clareza, verdade e transparência. Não é possível crescer nos relacionamentos se vivermos nos escondendo ou se estivermos diante de alguém que se esconde. Ao esconder nossos pensamentos e ações, construímos um muro que impedirá a confiança e a comunhão. Relacionamentos baseados em mentira são frágeis, e a tensão de sustentar uma mentira, ou de confiar em alguém que você não consegue identificar se está falando a verdade, afetará a caminhada em outros aspectos.

A honestidade também nos levará a confrontar o outro em suas falhas. Permitirá que não deixemos o outro afundar sozinho em seus vícios e fraquezas, levando-nos a assumir a responsabilidade de ajudar com os alertas sinceros de quem deseja o bem do outro, ainda que as palavras sejam duras e difíceis.

> Leais são as feridas feitas pelo que ama, porém os beijos de quem odeia são enganosos (Pv 27.6).

O texto de Provérbios já aponta para a dimensão do amor-gentileza. A honestidade nos relacionamentos não pode ser um pretexto para ofensas gratuitas ou afirmações descuidadas. Falamos a verdade em amor. Isso demanda gentileza intencional e trato amoroso, mesmo quando somos alvos de injustiça.

Não é a nossa glória que está em foco, mas a glória do nosso Senhor e o bem do próximo.

Obviamente, no caso de alguns relacionamentos destrutivos, será necessário estabelecer limites e cortar vínculos. Porém, até mesmo nesses casos, é possível se afastar de forma sábia e tranquila. A gentileza expressa amor e cuidado, quebra defesas e tranquiliza corações, possibilitando que haja aproximação real e confiança. Tratar tais posturas como hábitos pode envolver um tempo de dedicação à prestação de contas, palavras diárias de encorajamento e disposição para ouvir críticas sem se defender automaticamente.

PARA A GLÓRIA DE DEUS, PELO BEM DO PRÓXIMO

Toda alta *performance* centrada exclusivamente em si mesmo é um exercício inútil, daqueles que podem encher nossas mãos de realizações, mas continuarão deixando a alma vazia.

Fomos criados para fora de nós, e nosso chamado é para servir. Servimos a Deus e ao próximo. Em uma sociedade autocentrada, estamos cada vez mais exigentes e cada vez menos satisfeitos. Por isso corremos mais e procrastinamos mais. Por isso ficamos mais esgotados e travados. Mas o nosso padrão é estabelecido pelo nosso Deus. Isaías 64.4 nos diz: "Porque desde a antiguidade não se ouviu, nem com ouvidos se percebeu, nem com os olhos se viu Deus além de ti, que trabalha para aquele que nele espera".

O nosso Deus serve. E seu Filho veio a nós como o Servo sofredor, aquele que nos disse: "Pois o próprio Filho do Homem não veio para ser servido, mas para servir e dar a sua vida em resgate por muitos (Mc 10.45).

Eu e você temos uma perspectiva diferente, que vem do alto. Fomos servidos por nosso Senhor, a fim de que possamos servir uns aos outros.

1. Com quem você mora? Quais as principais características do seu relacionamento com eles? Se você mora sozinho, como é seu relacionamento com os familiares mais próximos?

2. Liste as 6 pessoas com as quais você mais possui intimidade hoje, citando os aspectos positivos e no que agregam em sua vida:

NOME:	NOME:
ASPECTOS POSITIVOS:	ASPECTOS POSITIVOS:

NOME:	NOME:
ASPECTOS POSITIVOS:	ASPECTOS POSITIVOS:

NOME:	NOME:
ASPECTOS POSITIVOS:	ASPECTOS POSITIVOS:

3. Quais aspectos positivos das pessoas listadas no item anterior você gostaria de desenvolver? Como você poderia usá-los para abençoar outras pessoas?

4. Quais são as pessoas mais próximas a você em sua comunidade local? Quais as principais características do seu relacionamento com elas?

5. Caso você não seja muito próximo a alguém em sua comunidade de fé, de quais pessoas você pode se aproximar a fim de buscar um relacionamento mais intencional (incluindo aquelas pessoas que possuem necessidades específicas a quem você pode buscar servir)? Se você já se dedica a algumas, como você pode melhorar? Como você pode encorajar outras pessoas a fazerem o mesmo?

CONCLUSÃO:
O FIM PRINCIPAL DO HOMEM

Uma de minhas experiências de esgotamento se deu enquanto eu batalhava para escrever a dissertação de mestrado. Havia uma sobreposição de desvios no coração que tornou tudo pesado demais para carregar. Por um lado, havia o desafio natural das demandas da vida. Eu estava tentando escrever, ao mesmo tempo que estava plantando uma igreja, tendo mudado de denominação recentemente e vivendo o início da caminhada matrimonial. Além dos dilemas "naturais", algumas dificuldades relacionais na liderança da igreja drenavam minhas energias de forma intensa, de modo que o desgaste no trabalho era muito mais intenso — afinal, relacionamentos importam. Havia uma camada de temor de homens tornando tudo mais complicado e afetando meu senso de identidade, propósito, humor... e serviço.

CONCLUSÃO

Está pronto para mais uma camada? Na dissertação deixei que o perfeccionismo me dominasse. Talvez fosse uma grande mistura de orgulho, temor de homens, vanglória e outros vícios do coração: eu queria um trabalho que fosse reconhecido, eu queria atingir um marco pessoal de vaidade, eu não queria produzir algo considerado fraco ou superficial, eu queria demonstrar que havia compreendido bem os atores e os conceitos difíceis... Em resumo, eu queria produzir o trabalho perfeito.

Qual deve ser a primeira palavra de um trabalho perfeito? Ou mesmo a primeira letra? É impossível saber, porque o trabalho perfeito, além daquele operado pelo Senhor, não existe. Então eu fiquei travado. Durante aproximadamente dois anos eu me arrastei por esse projeto, sem conseguir efetivamente escrever nem ler de forma adequada.

A dissertação se transformou em um fantasma que me perseguia. Em todo momento havia o peso de uma tarefa não cumprida preenchendo espaço mental e trazendo um senso de culpa e frustração. E, na base de tudo isso, estava um coração que não descansava no Senhor; apenas olhava para si mesmo.

O desajuste no relacionamento com Deus, comigo, com o outro e com o mundo pesou sobre mim, e eu adoeci de diversas formas. Em vários momentos, o desânimo, a ansiedade e o desespero me definiram.

Mas o Senhor estava trabalhando. Embora sejamos muito competentes em nos desviar do caminho, o Senhor é mais competente em guardar a aliança e tratar a nossa vida. O poder dele se aperfeiçoa na fraqueza e, em nossos momentos de dor e sofrimento, o Senhor está operando com graça.

Naquele período, ele estava me conduzindo a entender, na prática, as conexões entre coração e produtividade, o que tornou este livro possível.

Com a graça dele, a igreja caminhou, a dissertação foi concluída e eu não apenas sobrevivi, como também pude crescer ao longo do processo, aprendendo que o coração alinhado está mais maduro para lidar com as turbulências da vida. Isso se tornou um foco, direcionando a caminhada de vida.

O FIM PRINCIPAL

Muitos conhecem a primeira pergunta e a primeira resposta do Breve Catecismo de Westminster: "Qual é o fim principal do homem?" "Glorificar a Deus e se alegrar nele para sempre". Isso descreve o coração alinhado: o deleite no Senhor. E aquele que desfruta a comunhão com Deus, e cujo prazer está na lei do Senhor, é um homem que cresce em graça e maturidade.

Talvez você tenha buscado este livro para aprender a lidar melhor com o excesso de tarefas, ou para aprender a vencer o esgotamento. Talvez estivesse buscando fazer mais coisas, ou ser mais organizado. Todos esses objetivos têm seu lugar, mas, se forem vistos como um fim em si mesmos, você continuará andando em círculos e não chegará a lugar algum.

O caminho da produtividade redimida é o caminho do deleite em Deus e, nessa trilha, o coração é alinhado, e nosso foco, ajustado. Assim, o esgotamento pode ser vencido, a organização pode ser encontrada e nossas ações se tornam mais efetivas.

CONCLUSÃO

A ORDEM DOS FATORES ALTERA O PRODUTO

Lembre-se da premissa trabalhada aqui: a base da verdadeira produtividade é o coração alinhado. Ao longo destas páginas, você percebeu que a raiz é o coração; que o orgulho nos torna otimistas ou pessimistas; que a falta de descanso é um vício, e não uma virtude; que nós procrastinamos por ira ou perfeccionismo; e que a indisciplina reflete nosso apego aos apetites sensuais. Além disso, o temor de homens nos leva a não dizer "não", o orgulho nos faz assumir mais tarefas do que conseguimos dar conta ou superestimar nossa capacidade de realização no tempo. Por isso, não bastará buscarmos apenas métodos de produtividade. Eles não chegam à raiz do problema; precisamos começar pelo coração.

Mas não devemos ficar apenas no coração. A vida cristã é integrada e, ao lado do discernimento espiritual, devemos ter sabedoria prática para lidar com os projetos, as tarefas, a energia e o tempo. Observamos os pilares da produtividade — clareza, método, entendimento e energia — e percebemos de que forma a produtividade redimida se distingue das demais propostas, por perceber a integração entre identidade, discipulado, vocação e momento, tudo centrado no evangelho. Vimos métodos, técnicas e recursos que podem reorganizar nossos ritmos, ajustar o foco e nos encaminhar em uma direção que aponta para a eternidade com efetividade.

Finalmente, vimos que o coração alinhado e os métodos ajustados devem acompanhar uma vida produtiva, uma vida que cultive os hábitos fundamentais, olhando para cima e para o lado, amando a Deus e ao próximo.

NUNCA DESISTA

Se você está lendo este livro, ou se vê minhas publicações nas redes sociais, e tende a pensar que já estou com tudo resolvido nessa área da vida, pense novamente.

Já são quase duas décadas de uma caminhada de alegrias e desafios, lutas e descobertas, implementações e ajustes. Há momentos melhores e piores, conforme as estações da vida que Deus preparou para nós.

Não será diferente com você. Quando entendemos que a produtividade lida com o campo da santificação na caminhada cristã, então esse desafio fará parte de nossas vidas até chegarmos à cidade celestial.

Não espere sair deste livro com sua vida automaticamente transformada. Na verdade, espere o oposto: quanto maior for sua consciência do problema, mais você perceberá que há aspectos a tratar. Mas isso é bom, pois a jornada é trilhada um dia de cada vez, um passo de cada vez. E o Senhor está conosco de momento em momento. Por isso, permita-me concluir com uma palavra de alerta e encorajamento. Cada alerta sobre a caminhada vem com o encorajamento para praticarmos uma virtude, e, no final, contemplarmos o que está além da nossa força.

Saiba que a caminhada é longa. Como já afirmamos, você está apenas no começo. Durante muito tempo, eu odiava viajar, por causa da ansiedade em relação à chegada. A pressa para chegar roubava o prazer de caminhar a cada momento, enchendo

CONCLUSÃO

o coração de insatisfação. Se você aceitar o fato de que a busca por crescimento na produtividade redimida é o projeto de uma vida, poderá exercer a virtude fundamental da paciência.

Saiba que a caminhada é difícil. Não espere facilidade. Apenas as ervas daninhas brotam naturalmente. Um coração alinhado e um calendário ajustado demandam muitas lutas — inclusive com Deus. O mundo, a carne e o diabo desejam que vivamos vidas desordenadas, entregues ao orgulho pessoal. O universo conspira para continuarmos centrados em nós mesmos. Amadurecer dá trabalho. Negar a si mesmo demanda dores de morte. Os hábitos que você desejará estabelecer não serão praticados com facilidade e demandarão esforço. E, quanto mais desejarmos crescer, maior resistência encontraremos. Mas não é assim que a musculatura é desenvolvida? Entender que a caminhada é difícil nos permitirá exercer a virtude fundamental da persistência.

Saiba que a caminhada é irregular. Você passará por diferentes estações na vida. Talvez você finalmente consiga organizar sua vida de pessoa solteira e, então, virá o casamento. Finalmente conseguirá organizar a rotina do casamento e, então, virá um bebê. Finalmente aprenderá a lidar com um bebê, e ele mudará de fase. Você poderá mudar de cidade, igreja, condição de saúde, emprego, entre tantas outras variáveis. É no terreno irregular da vida que nós caminhamos, por isso o coração deve ser alinhado dia após dia, e os métodos ajustados de acordo com o cenário. Se entendermos que a caminhada é irregular, poderemos exercer a virtude da consistência. Mas, lá no fim, mais do que saber que o caminho é longo, difícil e irregular, ou ser encorajados a exercer paciência, persistência e consistência, eu e você somos chamados a saber que o caminho é do Senhor, e a exercer a fé.

Nós nos esforçamos por caminhar com fidelidade, mas precisamos lembrar que, lá no fim, não é a nossa força de vontade que nos manterá no caminho, mas, sim, a graça soberana do nosso Salvador. Olhando para ele, e confiando nele, poderemos ter um coração descansado para que nossas forças se renovem no Senhor e nós possamos seguir — um dia de cada vez, um passo de cada vez.

O lembrete mais fundamental é que eu e você falhamos em nossa produtividade, mas o nosso Senhor cumprirá plenamente todos os seus desígnios, e na obra perfeita dele eu e você nos deleitaremos para sempre. Essa é a garantia de que o nosso trabalho não é vão no Senhor.

CONCLUSÃO

CULTIVANDO UM CORAÇÃO DESCANSADO...

Como aprendemos, "é no terreno irregular da vida que caminhamos, por isso, o coração precisará ser alinhado dia a dia". Ao longo deste livro, você respondeu a diversas perguntas sobre o seu próprio coração, sondando-o diante de Deus. Use o espaço abaixo para registrar, com imaginação, liberdade e criatividade, o que você aprendeu sobre si mesmo e, principalmente, sobre quem o Senhor é e o que ele está fazendo.

Lembre-se: somente olhando para Deus e confiando nele, poderemos ter um coração descansado a fim de alcançarmos ânimo em nossa jornada pela produtividade!

ANOTAÇÕES

O Ministério Fiel visa apoiar a igreja de Deus de fala portuguesa, fornecendo conteúdo bíblico, como literatura, conferências, cursos teológicos e recursos digitais.

Por meio do ministério Apoie um Pastor (MAP), a Fiel auxilia na capacitação de pastores e líderes com recursos, treinamento e acompanhamento que possibilitam o aprofundamento teológico e o desenvolvimento ministerial prático.

Acesse e encontre em nosso site nossas ações ministeriais, centenas de recursos gratuitos como vídeos de pregações e conferências, e-books, audiolivros e artigos.

Visite nosso site
www.ministeriofiel.com.br

Leia e use também:

Super Ocupado - Um livro (misericordiosamente) pequeno sobre um problema (realmente) grande

Mais do que dar dicas batidas de gerenciamento de tempo, este livro vai trazer princípios bíblicos que nos ajudam a entender o motivo de estarmos tão ocupados, para que possamos arrancar o problema pela raiz.

Reset - Vivendo no ritmo da graça em uma cultura estressada

Dr. David Murray oferece a homens cansados uma esperança para o presente e o futuro, ajudando-os a identificar sinais de estresse e oferecendo ajuda e estratégias práticas para que vivam no ritmo da graça e consigam recuperar a alegria e a leveza da vida cristã.

Refresh - Vivendo no ritmo da graça em um mundo acelerado

Muitas mulheres não percebem que estão correndo em um ritmo insustentável até entrar em um quadro de esgotamento físico, emocional e espiritual. Com base em muitos anos de aconselhamento e na própria experiência que tiveram de depressão, Shona e David Murray vão ajudar você a desacelerar a fim de que viva no ritmo da graça para a glória de Deus.

 @editorafiel

 @MinisterioFiel

PURPOSE ✦ PAPER

Instrumentos que geram práticas frutíferas!

"Onde está o rei dos judeus recém-nascido? Vimos *sua estrela* no oriente e viemos adorá-lo." MATEUS 2.2

Criando ferramentas belas, práticas & abençoadoras.

Somos propositivos em viver uma vida fiel ao SENHOR, administrando os recursos com maestria, em busca de sermos *mordomos criativos com plena satisfação em Cristo*, capacitados pelo Espírito Santo, para a honra e glória de Deus.

📷 @purposepaper	SITE OFICIAL	**Precisa de ajuda?**
♪ @purposepaper		Estamos à sua disposição no nosso **chat** (canto inferior direito do site).
▶ Purpose Paper		
📌 /purposepaper		
𝕏 @purposepaper_	Acesse www.purposepaper.com.br	

Esta obra foi composta em Garamond Premier Pro 11, e impressa na
Promove Artes Gráficas sobre o papel Pólen Natural 70g/m²,
para Editora Fiel, em Março de 2025.

Purpose Planner

Você quer uma aliado na sua jornada de relacionamento com Deus? Com o Purpose Planner, te ajudaremos a colocar o Senhor como centro em todas as suas atividades, ao fazer tudo com maestria, abrindo espaço em sua rotina para que Ele habite em você e te faça habitar o mundo com intencionalidade. Nele você aprenderá a definir prioridades, se planejar e organizar suas tarefas, buscar resultados mais intencionais e duradouros, avaliar seu desempenho e fazer todas as coisas, das pequenas às grandes, com o foco em Jesus, sabendo que Deus se importa com o modo como você vive. É assim que o extraordinário se mostrará no ordinário!

Betel: Journal de Autoconhecimento

Você deseja uma vida mais alinhada aos propósitos de Cristo para você? Neste journal, você será levado a analisar seu coração, história e personalidade a fim de enxergar quem você é e será em Cristo. Criado para ser um exame profundo do seu relacionamento com Deus, o Betel é uma ferramenta poderosa de análise de cada área chave da sua vida. O autoconhecimento é uma disciplina essencial para a vida cristã. Se ignorarmos nossa natureza, não conseguiremos cooperar com a obra do Espírito em nós. Vamos trabalhar, diante de Deus, para sermos mais semelhantes a Cristo!

Box Disciplinas Espirituais

Você gostaria de desfrutar de uma vida espiritual mais plena? Este box contém 3 livros que tratam sobre as disciplinas espirituais e a vida com Deus e como aplicá-las, de modo descomplicado e prático, em nossa vida cotidiana. O objetivo é que sondemos o nosso coração para investigar quais aspectos da nossa espiritualidade precisam de atenção e quais atitudes intencionais e necessárias precisam ser tomadas para que nosso relacionamento com Deus se desenvolva. O foco é que, assim, permaneçamos em Jesus, em seu amor e sejamos seus amigos. Receba o convite dEle e abrace a plenitude da vida com Deus!

 @purposepaper
 @purposepaper

 Purpose Paper
 /purposepaper
 @purposepaper_